KB199169

누스바움의
『타인에 대한 연민』
읽기

세창명저산책 110

누스바움의
『타인에 대한 연민』
읽기

초판 1쇄 발행 2025년 5월 20일

–

지은이 신은화

펴낸이 이방원

기획위원 원당희

책임편집 이희도   **책임디자인** 양혜진

기획 김명희·박준성   **마케팅** 최성수·이지민   **경영지원** 이병은

–

펴낸곳 세창미디어

신고번호 제2013-000003호 주소 03736 서울특별시 서대문구 경기대로 58 경기빌딩 602호

전화 02-723-8660 팩스 02-720-4579 이메일 edit@sechangpub.co.kr 홈페이지 http://www.sechangpub.co.kr

블로그 blog.naver.com/scpc1992 페이스북 fb.me/Sechangofficial 인스타그램 @sechang_official

–

ISBN 978-89-5586-843-2 02160

세창명저산책

누스바움의 『타인에 대한 연민』 읽기

MARTHA C. NUSSBAUM

110

신은화 지음

세창미디어
MEDIA

1. 본문에서 인용한 누스바움의 아래 저작들은 약어로 표기했다.

    『타인에 대한 연민』 → 『연민』

    Anger and Forgiveness → AF

    Poetic Justice → PJ

    Not for Profit → NP

    The Monarchy of Fear → MF

2. 인용문은 저자가 직접 번역하여 원문 출처를 밝혔으며, 독자들의 편의를 위해 한글 번역서의 쪽수를 병기했다.

머리말

두려움을 견디며 살아가는 사람들에게 건네는
어느 철학자의 위로와 응원

삶은 온통 불안한 요소들로 가득하다. 그런데 우리가 갖가지 걱정에서 해방될 수 없는 결정적인 이유는 우리 자신에게 있다고 봐야 한다. 우리는 여러 가지 면에서 불완전하고 유약한 인간으로서 생의 모든 상황을 스스로가 원하는 대로 관리하거나 통제할 수 없다. 그래서 외부의 많은 대상과 상황에 대해 두려움을 안고 살아간다. 이처럼 두려움이 우리 자신의 유약함과 무력함에서 비롯되는 것이라면, 아무런 두려움 없이 살아가는 것은 불가능해 보인다. 그렇다면 우리가 두려움을 안고 살아갈 수밖에 없음을 인정하면서도 그 감정에 압도당하지 않을 방법이 있을까? 두려움을 극복할 가능성은 어디에서 찾아야 할까? 이런 질문을 마주할 때, 한 저명한 철학자의 조언이 우리의 관심을 끈다.

현존하는 세계적 석학 중 한 사람인 마사 C. 누스바움의 명성은 한국에도 잘 알려져 있다. 누스바움은 2016년 미국 대선에서 커다란 정치적 이변을 목도하며 깊은 좌절과 두려움에 휩싸였음을 고백한다. 하지만 곧 그녀는 이성을 되찾아 사태를 냉철하게 직시하고자 노력했다. 누스바움은 향후 펼쳐질 혼란과 갈등에 어떤 자세로 대비해야 할지를 철학적으로 숙고하고 그 산물로 『타인에 대한 연민』(이하 『연민』)이란 제목의 책을 펴냈다. 이 책의 메시지는 간명하다. 우리가 두려움을 딛고 평화로운 공동체를 이루며 살기 위해서는 타인을 나와 다르지 않은 인간으로 바라볼 수 있어야 하며, 서로를 헐뜯고 적대시하는 일을 그만두고 관대한 마음을 갖고자 노력해야 한다는 것이다.

우리는 삶의 고통과 불행을 다른 사람의 탓으로 돌리려는 유혹에 빠지기 쉽다. 모든 책임을 타인에게 전가하는 것은 문제의 해결을 위해 노력하는 것보다 확실히 간편한 방법이다. 그래서 우리는 자주 타인의 잘못을 부각시키고 스스로를 면

책하면서 현실에 대한 불만과 분노를 표출한다. 특히 두려움이 우리의 이성을 잠식하면, 진실을 외면하고 배타적으로 자기 안위만을 추구하며 모든 고통을 타인의 잘못으로 떠넘기는 데 열중한다. 그러나 누스바움은 그런 방식으로 타인을 이용하거나 비난하는 것은 잘못이며, 그런 유혹에 빠지려는 마음을 경계하라고 충고한다.

누스바움의 『연민』은 부정적 감정들에 대한 대중의 이해를 돕는다. 이 책에서 누스바움은 이전의 연구에서는 두려움이 부정적 감정들의 근원임을 명확하게 밝히지 못했다고 고백한다. 누스바움은 두려움, 분노, 혐오, 시기심과 같은 감정들의 특성을 쉽게 설명하고 그 가운데 두려움이 다른 감정들의 근본적인 요인임을 분석해 낸다. 두려움을 먹고 자라는 분노, 두려움을 배타성으로 드러내는 혐오, 두려움을 통해 증폭되는 시기심 등의 감정들이 공동체 내의 갈등 요소로 작용한다. 그리고 이 감정들은 사회적인 차별과 대립을 더욱 심각하게 만든다. 이런 점을 고려하면서, 누스바움은 현실의 삶에서 부정적 감정들로 인해 발생하는 사회 정치적인 문제들에 관한 해법을 제안한다.

누스바움은 두려움의 이면에서 희망을, 보복 없는 분노에서 미래지향적인 아량의 마음을 일궈 내자고 호소한다. 자유롭고 민주적인 정치 공동체를 만들기 위해서는 시민들이 복수심에 매몰되지 않고, 자유롭고 평등한 관계를 맺는 것이 관건이다. 그래서 누스바움은 타인의 처지를 짐작하고 이해해 보려는 상상력, 자신에게 익숙한 사고의 틀을 벗고 자유롭게 생각하고 느끼도록 돕는 예술적 감성, 차분하고 합리적인 사고, 깊이 있는 철학적 성찰 등을 강조한다.

『연민』은 두려움 가득한 삶을 살아 내고 있는 사람들을 향한 응원과 위로를 담고 있다. 누스바움은 우리가 두려움을 완전히 해소할 수 있다거나 그 방법이 구체적으로 어떤 것이라고 말해 주지 않는다. 오히려 우리가 원초적으로 두려움을 가질 수밖에 없는 연약한 존재임을 받아들여야 한다고 일깨운다. 인간은 두려움의 감정에서 완전히 자유로울 수 없지만, 그럼에도 현실에 대한 불안에 갇히기보다 더 나은 세상을 희망하는 것이 더 가치 있고 중요하다. 누스바움은 우리 자신을 있는 그대로 인정하고 수용하는 데서 두려움의 깊은 강을 건너게 해 줄 희망의 길을 찾자고 제안한다.

누스바움의 저서들 가운데 『연민』은 가장 대중적이고 평이하게 쓰인 책이다. 그래서 별도의 해설을 참고할 필요 없이 누스바움의 합리적인 사고와 유려한 문체를 직접 확인하는 즐거움을 누릴 수 있다. 그런데도 '굳이' 책을 소개해 보려는 입장에서 나는 다음 두 가지 주안점에 집중했다. 첫째, 누스바움의 다른 저서들과 이 책의 연결 고리를 짚어 봄으로써 향후 독자들이 그녀의 철학을 좀 더 알아 가는 데 도움이 되는 것이다. 그래서 누스바움의 다른 저작들 가운데 『연민』에서 서술된 것과 연관되는 내용을 찾아 소개했다. 둘째, 나 역시 한 명의 독자로서 이 책을 통해 반추한 내용을 다른 독자들과 공유하는 것이다. 이와 관련하여 나는 우리 사회에서 두려움, 분노, 혐오, 시기심 등이 응축되어 빚어진 사건들을 주목하고, 그것들이 어떤 측면에서 인간성의 위기와 파괴를 초래하고 있는지 짚어 보았다.

『연민』에 담긴 문제의식과 해법은 미국 사회에만 유효한 것은 아니다. 누스바움의 시각은 현재 우리 사회에서도 진지하게 논의하고 참고할 필요가 있다. 결국 지금 우리가 이 책을 펼쳐야 한다면, 그것은 미국의 특수한 상황을 이해하기 위해서라기보다 '우리 사회'의 문제들을 살피고 타개책을 찾기 위함이라고 하겠다. 모쪼록 우리 각자가 연민의 마음으로 서로를 바라보고 인류애를 실천하는 사람으로 성장하는 데 누스바움의 『연민』이 유익한 안내서가 되길 바란다.

차례

1장

—

책 읽기에 앞서

1. 철학자 누스바움

마사 누스바움Martha C. Nussbaum은 1947년 미국 뉴욕에서 태어났다. 뉴욕대학교에서 연극학과 고전학을 전공했고, 1975년 하버드대학교에서 철학 박사학위를 취득했다. 누스바움이 정치철학 및 교육학 등의 연구에서 예술적 감수성과 상상력의 중요성을 강조하는 데에는 연극과 고전 문학을 전공한 경험이 어느 정도 영향을 미쳤을 것이다. 그녀는 여전히 아마추어 배우로 취미 활동을 지속하고 있다고 밝히면서, 감정의 공유와 인간적인 관계 형성을 위해 동료들에게 직접 연기에 도전해보길 권한다고 한다. 누스바움은 하버드와 브라운대학교에서 철학과 고전학 등을 가르쳤고, 현재는 시카고대학교 철학과와 로스쿨 교수로 재직 중이다.

누스바움은 법철학, 정치철학, 윤리학, 교육학, 여성학 등의 분야에서 연구와 저술 활동을 왕성하게 이어오면서 세계적인 명성을 쌓았다. 미국철학회 회장을 역임했고, 노벨경제학상 수상자 아마르티아 센과 함께 UN인간개발지수HDI를 개발하는 데 기여했으며, 외교전문지 『포린 폴리시Foreign Policy』가 발표한 '세계 100대 지성'에 두 차례(2005, 2008년) 선정되면서 노엄 촘스키와 함께 미국의 대표적인 지성인으로 이름을 알렸다. 그녀는 『선의 연약함The Fragility of Goodness』(1986)이라는 책으로 학계에서 주목받은 이후 최근까지 수많은 책을 써냈다. 그 가운데 『시적 정의Poetic Justice』, 『인간성 수업Cultivating Humanity』, 『학교는 시장이 아니다Not for Profit』, 『역량의 창조Creating Capabilities』, 『혐오와 수치심Hiding from Humanity』, 『혐오에서 인류애로From Disgust to Humanity』, 『분노와 용서Anger and Forgiveness』, 『감정의 격동Upheavals of Thought』 등 다수의 저서가 한국어로 번

역되어 있다.[1]

2. 제목이 제목인 이유

어느 작가도 책 제목을 그냥 붙이진 않는다. 제목은 책의 얼굴과 같으므로, 세상에 나오는 순간을 위해 어쩌면 가장 공들여 가다듬어야 하는 것이다. 그리고 우리는 누스바움이 이 책을 펴내며 가장 힘주어 말하고 싶은 내용을 가장 먼저 제목에서 확인할 수 있다. 그러므로 우선 우리의 시선이 향해야 할 곳은 이 책의 제목이다.

『타인에 대한 연민』이라 번역된 이 책의 원제는 *The Monarch of Fear: A Philosopher Looks at Our Political Crisis*(두려움

---

1   몇몇 번역본의 제목은 원제와 다소 차이를 보이는데, 옮긴이의 의도를 고려하면서 영문과 국문 제목을 비교해 보는 것도 흥미롭다. 가령 *Upheavals of Thought*는 '생각의 격변', '사고의 격변' 등으로 옮겨져 소개되었으나, 한글 번역본은 『감정의 격동』으로 출간되었다. 옮긴이에 따르면, 누스바움의 이 저서는 칸트의 이성 철학 3부작과 유사한 구조를 보이며, 그런 이유에서 '감정 철학' 3부작과 같은 구성으로 편찬되었고 상기 제목을 갖게 되었다고 한다. 마사 누스바움, 『감정의 격동: 1 인정과 욕망』, 조형준 옮김, 새물결, 2017, 10-12쪽 참고.

의 군주제: 한 철학자가 우리의 정치적 위기를 고찰하다)다. 여기서 저자의 주요 관심이 무엇인지가 직관적으로 드러난다. 그것은 '두려움'이란 감정이다. 누스바움은 한 사람mono이 독점적인 지배자arch로 군림하는 체제에서, 두려움이 바로 그 왕좌를 차지하고 있는 문제적 상황을 주목한다. 그리고 부제를 통해 유추할 수 있는 것처럼, 누스바움은 두려움이 한 사회를 지배하게 될 때 어떤 일이 벌어지는지, 그로 인한 정치적 위기에 어떻게 대처해야 할지를 철학적으로 성찰한다.

한글 번역본의 제목 '타인에 대한 연민'은 영어 원제와는 사뭇 다르긴 하지만, 누스바움의 집필 의도를 잘 담아냈다. 여기서 우리는 두려움 외에도 '연민'이 이 책의 또 다른 핵심 키워드임을 알아챌 수 있다. 두려움과 연민, 이 상이한 감정들은 누스바움의 주제 의식 속에서 중요한 대립항을 형성하고 있다. 누스바움은 오늘날 정치적 위기를 야기하는 근본 요인으로서 '두려움'을 주목하고 있고, 그 문제를 풀어갈 단서를 '연민'에서 찾는다. 그렇다면 영어 원제는 현시대의 중대한 정치적 문제를, 한글 제목은 그것의 해결 방안을 강조하면서 대칭을 이루고 있다고 할 수 있겠다.

누스바움은 두려움을 군주적 감정으로 본다. 군주는 권력을 나누지 않는다. 그는 유일한 권력자로서 건재함을 과시하고 그 누구에게도 수평적 관계를 허락하지 않기 때문에 고독하다. 또한 군주는 절대 권력의 욕망으로 인해 아무도 깊이 신뢰하지 않으며 반역에 대한 두려움을 안고 산다. 그래서 그는 모든 사람을 힘으로 굴복시켜 자신을 두려워하도록 만들고, 그렇게 함으로써 자신의 두려움을 감춘다. 두려움에 휩싸인 군주가 나라 전체를 두려움으로 내모는 것이다. 홉스의 사회계약론에서도 두려움은 군주와 연관되는 감정으로 거론된다. 홉스에 따르면, 비참하고 공포스러운 자연 상태는 강력한 지상의 신이 등장함으로써 종식되지만, 그럼에도 인간의 원초적인 두려움은 해소되지 않는다. '인간이 인간에게 늑대homo homini lupus est'로 맞서는 전쟁상태가 공포스러운 리바이어던의 통치로 바뀔 뿐이다.[2]

미국은 다양한 인종, 종교, 문화가 혼재하면서도 국가적 차

---

2 토머스 홉스, 『리바이어던』, 진석용 옮김, 나남, 2018, 168-175쪽; Thomas Hobbes, *On the Citizen*, Cambridge: Cambridge University Press, 2016, p. 3.

원의 통합을 이뤄 내는 사회였다. 그것을 가능하게 만든 원동력은 개인의 선택과 가치관에 대한 국가의 간섭을 최소화하면서 다양성을 확보해 내는 사회적 수용력에 있었다. 하지만 그러한 문화적 통합의 가치가 무색해지도록 트럼프는 대선 후보 시절부터 공공연히 유색인과 이민자들을 적대시하는 발언을 쏟아 냈다. 그리고 그는 백인 노동자들의 경제적 어려움과 사회적 지위 하락이 이민자들에 의해 비롯된 것이라 단언했다. 그는 외국인 혐오를 부추김으로써 지지자들을 결집시키는 방법을 택한 것이다. 엘리트 계층에 대해 분노와 박탈감을 느끼던 사람들은 트럼프의 직설적인 발언에 환호했다. 과거 미국이 누리던 영화를 잃어버렸다는 상실감, 더 이상 미국은 세계 패권국이 아니라는 패배감, 현재 미국의 위기는 끝이 아니라 더욱 심각해질 것이라는 두려움이 군중을 사로잡았다. 그리고 그들의 두려움은 분노, 혐오, 시기심, 증오로 쉽게 번졌다.

이러한 상황을 목도하면서 누스바움은 두려움을 넘어설 힘을 '연민'에서 찾는다. 혐오가 난무하고 민주주의가 위태로워진 사회에서 무엇보다 필요한 것은 타인을 '나와 다르지 않은 사람'으로 여기고 그의 처지를 헤아리려는 마음이다. 나처럼 타인들도 여러 결점을 지니고 쉽게 상처받을 수 있는 불완전한 인간임을 이해하는 것이 중요하다. 인간은 누구나 고통을 피하고 싶어 하는 존재임을 직시한다면, 타인의 고통과 불행에 안타까움을 느끼는 것은 당연하다. 그러므로 사람들이 서로를 연민의 시선으로 바라보고 관대한 마음으로 대할 때 공존의 길이 열린다. 만인이 만인을 대적하는 자연 상태의 야만성은 자신뿐만 아니라 타인도 생각하는 마음을 통해 극복될 수 있다. 이타심과 도덕성을 지녔기 때문에, 인간은 야수와 다른 존재일 수 있는 것이다.

3. 헌사와 목차

누스바움은 『연민』을 사울 레브모어Saul Levmore에게 헌사한다고 밝힌다. 레브모어는 시카고 대학교 로스쿨 학장이며, 누스바움과 함께 『지혜롭게 나이 든다는 것Asing Thoughtfully』을 써냈다. 누스바움은 레브모어가 "누구보다 비판적 조언과 도발적 통찰을, 나의 날뛰는 기분에는 냉소적 조롱을 보냈지만, 확고한 지지와 우정으로 내가 삶을 즐기고, 일에 정진하고, 발전된 결과물을 내놓을 수 있게 만들어 준 한 사람"(『연민』 21)이라 소개하면서, 그가 비판과 조언을 아끼지 않으면서 그녀의 저술 작업을 도운 점에 감사를 표한다.

한편 한글 번역본인 『연민』의 목차는 각 장과 절의 내용을 핵심적이고 흥미롭게 드러내는 소제목들로 구성되어 있다. 이는 아마도 독자들의 호기심을 이끌고 책의 전체적인 내용을 쉽게 파악하도록 돕기 위해 옮긴이가 특별히 수고를 기울인 결과로 보인다. 원서에는 없는 소제목들은 각 절의 주제를 압축적으로 선명하게 보여 준다. 그래서 한글 번역본은 목차만 보아도 책의 전체적인 내용을 대략 파악할 수 있다. 이와 달리 원서의 목차는 훨씬 간결한데, 총 7개 장의 항목으로만 구성되어 있고 그것들은 한글 번역본과 크게 다르지 않다. 물론 원서의 목차에는 표기되지 않았지만, 누스바움이 각 절마다 붙인 소제목들은 있다. 그러나 한글 번역본은 그것들을 기계적으로 번역하지 않고 핵심 내용을 재해석하여 좀 더 이목을 끄는 문구로 바꿨다. 원서와 한글 번역본은 각 절의 구분과 소제목의 위치에서 완전히 일치하지는 않지만, 이는 누스바움의 생각을 이해하는 데 아무런 문제가 되지 않을 것이다.

2장
—
서문 읽기

1. 반목하는 정치

　이 책의 서문은 '2016년 11월, 그날 밤'이란 소제를 달고 있다. 그날 밤에는 미국의 대선 결과, 즉 트럼프의 당선이 보도되었다. 그런데 누스바움이 서두에 기술한 것은 현재 우리 사회를 묘사했다고 해도 이상하지 않을 정도다. 그녀는 "칼같이 나뉜 유권자", "혐오와 분노에 기반한 정치적 호소"(『연민』 11) 등을 우려하면서 선거로 인해 분열된 미국인들을 다시 통합시키기는 어려울 것이라 예상한다. 이런 풍경은 한국인에게도 전혀 낯설지 않으며, 정치적 반목이 극심한 상황에서 대선을 치렀던 우리 사회의 지난날을 자연스럽게 떠올리게 한다. 그래서 이 책의 분석은 비단 미국뿐만 아니라 현재 우리 사회에도 유효한 제언일 수 있다. 그리고 이것이 이 책을 읽어 보아야 할 중요한 이유다.

당시 누스바움은 세계적인 석학의 공로를 기리는 시상식 일정으로 일본을 방문했다. 학자로서 인정받는 기쁜 자리였지만, 그녀는 온통 미국의 선거 뉴스에 마음이 뺏긴 채 행사에 참석했다고 한다. 시상식 만찬에서 심란한 마음을 애써 누르며 낯선 사람들과 사교적 대화를 나누는 시간은 힘겹게 느껴졌다고 한다. 홀로 타국에서 대선 결과에 대한 슬픔을 감내하면서, 그녀는 친구들과 따뜻한 위로를 나누는 것이 절실했음을 고백한다.

누스바움은 여러 가지 우려에도 불구하고 종국적으로는 "혐오와 증오의 정치적 수사"가 먹히지 않을 것이라 낙관했지만, 그러한 기대와는 반대로 혐오와 분열을 노골적으로 부추긴 후보가 대통령으로 당선된다. 트럼프는 심각한 차별과 증오의 언어를 공개적으로 쏟아 내면서 사회의 주류층에서 밀

려난 사람들의 분노와 소외감을 이용했다. 누스바움은 미국 대선의 예상치 못한 결과를 마주하고 미래에 대한 걱정과 불안으로 잠들지 못하는 밤을 보내면서 결국 마음을 추스르고 사태를 직시해야 한다고 깨닫는다. 그리고 그녀는 철학자답게 미국 사회의 정치적 위기를 이성적으로 바라보고 분석해보고자 결심한다.

누스바움의 불면과 슬픔은 어쩐지 우리에게도 익숙하다. 우리나라에서도 많은 사람이 대선 결과로 인해 분노와 우울감을 느끼며 상당 기간 정치 뉴스를 보기조차 힘들어했다. 새로운 당선자를 받아들이지 못하는 사람들의 충격과 절망은 쉽게 달래지지 않는 듯 보였다. 정치적 현실에 대한 답답함을 체념과 침묵으로 돌리는 사람들도 늘어났다.

그런 시기에 대중의 마음을 위로한 것은 지극히 평범하지만 위대한 지혜, '삶은 계속되어야 한다'는 사실을 일깨우는 사람들의 모습이었을 것이다. 지금보다 더 혹독했던 시대에 대한 증언은 우리가 좀 더 현실적이고 진중한 자세로 현재의 삶에 집중할 수 있도록 돕기도 한다. 소설『파친코』의 메시지, '역사가 우리를 어디로 끌고 가든 끝내 살아내야 한다'[3]는 목소리가 현대인들에게 큰 울림으로 와닿는 것처럼 말이다.

2016년 미국 대선 직후 팝스타 레이디가가는 트럼프 타워 앞에서 1인 시위를 했다. 그녀는 시민들에게 슬픔과 분노로 주저앉아 있을 수만은 없다고, 미래를 증오에 잠식당하도록 내버려 둘 수는 없다고 직접 행동으로써 호소했다. '사랑이 증오를 이긴다Love trumps hate'라고 쓴 팻말은 분열과 증오를 부추기는 정치인의 언어에 현혹되지 말고 시민들 간의 신뢰와 관대함을 지켜내자는 외침으로 와닿는다. 우리를 살게 하는 것은 증오가 아니라 사랑이니, 현재의 좌절감을 딛고 시민들 간의 우정과 연대를 더욱 굳건히 만들어 가자는 그녀의 제안은 많은 사람에게 일상으로 복귀할 힘과 위로가 되었을 것이다.

미국의 정치적 현실을 바라보는 누스바움의 시선은 우리에게도 여러 가지 성찰의 과제를 남긴다. 우리 사회에서도 차별과 혐오를 이용하는 '나쁜' 정치의 행태가 자주 발견된다.

---

3 『파친코』의 첫 문장, "역사는 우리를 저버렸지만, 그래도 상관없다(History has failed us, but no matter)"는 역사의 거대한 시련에 맞서 끈질기게 살아낸 평범한 사람들의 생명력을 반영하고 있다고 한다. 이민진, 『파친코』, 신승미 옮김, 인플루엔셜, 2022, 15쪽; Min Jin Lee, *Pachinko*, Apollo: London, 2017, p. 3.

세대 간, 남녀 간 대결을 조장하거나, 특정 집단을 악마화하여 고립시키고, 공정이란 명분으로 차별을 공고히 하며, 취약한 사람들에 대한 혐오를 부추기는 등의 목소리가 득세한다.

정치 공동체 내에서 갈등이 커질수록 시민들의 관심과 참여가 필요하지만, 현실에서 정치적 무관심과 혐오의 문제를 해소하기는 간단하지 않다. 차별과 분열을 조장하면서 개인적인 이득을 챙기려는 정치인들은 시민들의 정치에 대한 불신과 무지를 오히려 반기며, 그런 이유에서 양비론의 논조를 적극 이용한다. 양비론은 흔히 정치적 방향성과 가치에 대한 판단을 흐리게 한다는 점에서, 안일하고 무책임하다. 그러므로 정치적 논쟁에서 우리는 양비론적 냉소와 같은 간편한 방법에 기대기보다 다음과 같은 질문에 진지하게 답하고자 노력해야 한다. 우리가 추구해야 할 가치는 차별인가, 평등인가? 혐오와 대결의 편에 서야 하는가, 연대와 공존을 위해 힘써야 하는가?

2. 겸손과 감사

서문에서 누스바움은 상당히 사적인 이야기를 대중에게 들려준다. 이는 매우 흥미롭고 솔깃한 내용일 수 있으나, 독자들은 그녀가 자신을 그렇게까지 솔직하게 드러내는 이유에 대해 자연스럽게 궁금해 할 것이다. 나는 누스바움이 '감사'라는 말을 거듭하고 있는 점에서 단서를 찾을 수 있다고 본다. 누스바움은 안정적이고 풍족했던 성장환경을 큰 행운으로 여기며 그 덕분에 본인의 잠재력을 아주 잘 발휘할 수 있었다고 생각한다. 그녀가 사적인 이야기를 통해 진정 드러내고 싶었던 것은 자신이 누린 안정과 풍요에 대한 감사의 마음이리라 짐작된다. 이것은 마이클 샌델이 능력주의를 비판하면서 거듭 힘주어 강조했던 미덕, 즉 겸손과 감사의 마음을 견지하는 태도와 일치하는 모습이다.

그녀는 부유한 가정에서 부모의 사랑을 받으며 양질의 영양 섭취와 건강이 보장되는 환경에서 자랐고, 명문 사립학교에서 좋은 교육을 받았다고 진술한다. 그녀는 편안하고 풍요로운 조건에서 성장했지만, 계층적 안위를 보장해 주는 사회

질서에 무조건 순응하고 안주하는 사람은 아니었다. 그와 반대로, 자신과는 전혀 다른 삶의 조건에서 어려움을 겪는 사람들에게 연민을 느끼고 사회적 불평등의 문제와 해결 방안에 관심을 갖는다. 이런 성향은 누스바움이 학자로서 사회 정치적 정의正義에 대해 연구하고 '역량접근법'과 같은 이론을 정립시키는 과정에서 중요한 견인력으로 작용했을 것이라 짐작된다.

누스바움은 해외 홈스테이 경험을 계기로 아버지의 성공지향적이고 차별주의적인 세계관에 커다란 회의를 갖게 되었다고 진술한다. 누스바움은 사우스 웨일즈 스완지의 어느 공장 노동자의 집에 머무르면서, 가난과 영양부족, 열악한 생활환경이 더 나은 삶에 대한 관심과 의지를 꺾어 버리는 것을 목도했다.

정원에 별채가 딸린 그 집에서 나는 침대에 누워 고상한 영국 소설을 읽으면서 내 또래였던 아이어웬 존스가 왜 읽고 쓰는 데 최소한의 관심도 없고 웨일즈어를 배우려고도 하지 않았는지에 대해 생각했던 것을 기억한다. 가난의 장벽은 종종 인간 정신에 깊숙이 자리 잡으며, 다수의 가난한 사람들은 나의 아버지와 같은 길을 밟을 수 없다. (아버지는 충분한 영양 섭취, 많은 사랑과 격려, 건강관리를 받으며 최고의 교육도 받았다고 말씀하셨다. 아버지는 백인이라는 것 자체가 얼마나 큰 이점이었는지 알지 못했다. 1901년에 태어난 그는 심지어 가난한 백인들조차 신분 상승이 지금보다 훨씬 용이했던 세상에서 살았다.) 그래서 나는 새로운 관점에서 내 자신이 매우 영리한 아이일 뿐만 아니라 불평등하게 분배된 사회적 힘의 산물이라고 간주했다. (MF, xiv;『연민』, 16-17 참조)

누스바움의 아버지는 노동자 출신이었으나 혼자 힘으로 로펌 파트너의 지위에 올랐고, 자수성가한 삶에 맞게 아메리칸드림을 신봉했다. 그녀는 자주 아버지에게서 아프리카계 미국인들이 성공하지 못하는 것은 그들의 노력이 부족한 탓이라는 말을 들었다. 그는 집안일을 돕는 아프리카계 미국인이 별개의 화장실을 쓰도록 하고, 자신의 딸이 공공장소에서 아프리카계 미국인들과 어울리는 것을 엄하게 금했다. 영화

〈그린북〉에서 천재 피아니스트 돈 셜리 박사가 연주회장 저택 내의 화장실을 쓰지 못하는 장면은 현대의 우리에게는 매우 비상식적이고 낯설게 보인다. 그러나 누스바움은 '짐 크로우 법Jim Crow laws'의 횡포를 일상에서 지지하는 사람과 그러한 억압 아래 차별당하는 사람들을 직접 목격하며 살았다. 누스바움은 아버지의 차별주의적 세계관을 이해할 수 없었고, 점차 아버지와는 전혀 다른 가치를 추구하게 된다.

누스바움이 성장기의 경험과 자신의 아버지를 기억하며 쓴 글은 앞서 언급한 샌델의 능력주의 비판과 상당히 유사하게 들린다. 대부분의 자수성가한 사람들은 자기 경험에만 비추어 세상사를 판단하기 때문에 타인들의 실패를 이해하지 못한다. 그들은 스스로의 능력과 노력으로 성공했다고 생각하므로, 타인들의 실패도 무능력과 태만 때문이라 여긴다. 성공한 사람들은 자부심과 자기애가 지나쳐서 거만한 태도를 보이고, 타인들의 좌절에 냉정하고 혹독한 비난을 쏟아 내기 쉽다. 샌델은 이러한 승자들의 오만이 공동선의 추구에 방해가 된다고 본다. 그래서 그는 엘리트 계층의 사람들이 삶에서 누리는 여러 혜택과 행운에 감사하고, 그들의 성취가 공동

체의 기반과 타인들의 수고에 힘입었음을 인정하면서 겸손한 자세를 취해야 한다고 강조한다.[4]

누스바움과 샌델은 구체적인 철학적 관점이나 접근법에서 다를 수 있지만, 정치 공동체 내의 차별과 평등 그리고 사회 정의의 실현 문제 등을 다루면서 궁극적으로 인간성에 관한 질문을 이끌어 낸다는 점에서 비슷하다. 또한 두 철학자 모두 아리스토텔레스의 덕 윤리학을 적극 참고하는 입장에 있다. 아리스토텔레스는 좋음(선)을 삶의 중요한 목적으로 간주한다. 인간은 그저 목숨만 유지하는 삶zoe이 아니라 '가치 있

---

4 "시장이 각자의 재능에 따라 무엇을 주던 간에 사람들은 그것을 받을 자격이 있다고 하는 능력주의의 신념은 연대를 거의 불가능한 과제로 만든다. 왜 성공한 사람들이 사회에서 덜 혜택 받는 구성원에게 어떤 의무감을 가져야 하는가? 이 질문에 대한 답은 우리가 온 힘을 다해 노력하더라도 자수성가하고 자급자족하며 살지 않음을 깨닫는 데 달려 있다. 우리의 재능을 보상해 주는 사회에 속하는 것은 우리의 행운이지, 우리의 당연한 몫은 아니다. 우리 운명의 우연성에 대한 예리한 인식은 어떤 겸손, 즉 '그렇게 되지 않은 것은 신의 은총 혹은 탄생의 우연 혹은 운명의 신비 덕택이다'와 같은 생각을 불러일으킨다. 이런 겸손은 우리를 서로 분리시키는 무자비한 성공의 윤리에서 되돌아오는 시작점이다. 이것은 능력주의의 폭정을 넘어 덜 악의적이고 보다 더 관대한 공적 삶을 지향한다." Michael J. Sandel, The Tyranny of Merit, Farrar, Straus and Giroux: New York, 2020, p. 227; 마이클 샌델, 『공정하다는 착각』, 함규진 옮김, 와이즈베리, 2020, 353쪽 참조.

는 삶bios'을 원한다. 그러므로 사람들은 각자 고유한 잠재력을 키우고 발현하고자 노력해야 한다. 즉 미덕을 실천하고 체화하는 것이 인간적인 삶에서 매우 중요하다. 누스바움과 샌델은 공통적으로 시민의식, 인간성, 공동선 등을 중시하는데, 아리스토텔레스의 미덕, 선, 실천 등의 개념들에서 많은 영향을 받았다고 볼 수 있다. 누스바움은 서로 협력하고 연대하는 시민들의 선한 의지, 인간다운 삶의 기반이 되는 자유로운 공동체, 인간성의 함양과 인류애의 실천 등을 위한 윤리학적 논의를 꾸준히 이어가고 있다. 그리고 이는 『연민』에서도 주요하게 다루는 주제들이다.

3. 편견에 맞서는 삶

누스바움은 혈통적 유대인이 아니다. 그녀는 유대인과 결혼하고 유대교로 개종함으로써 유대인이 되었다. 즉 '누스바움Nussbaum'이라는 유대 이름은 결혼 후에 남편의 성을 따르면서 갖게 된 것이다. 그녀는 자신의 미들 네임 'C.'가 원래 성 '크레이븐Craven'을 기억하기 위한 것이라고 밝힌다. 그러므로 그녀가 결혼 전까지 불리던 원래 이름은 마사 크레이븐Martha Craven이다.

누스바움은 『연민』의 서문에서 자신의 아버지가 아프리카계 미국인뿐만 아니라 유대인도 차별하는 사람이었다고 기술한다. 그는 가부장적인 사람이었지만 누스바움을 명문 사립학교에 보내 고등교육을 받게 하면서 그녀의 능력과 열망을 키워 주기도 한다. 그는 자신의 딸이 평소 상류층답게 옷을 차려입고, 명문 사립학교를 졸업한 유능한 백인 남성과 결혼하기를 원했던 아버지로 묘사된다. 그런데 그렇게 애정을 쏟아 키운 딸이 하필 유대인과 결혼하겠다고 선언했을 때 그가 받은 충격은 상당히 컸을 것이다. 누스바움은 아버지가 결혼식에 참석하지 않았음을 밝히면서 그가 얼마나 거세게 그 결혼을 반대했는지를 간접적으로 시사한다.

누스바움은 유대교가 '정의'를 중요한 가치로 여기고 그것의 실현에 적극적으로 관심을 기울이는 점을 좋게 여긴다. 그래서 그녀는 개혁파 유대교를 중심으로 이루어지는 인권과 평화를 위한 시민들의 실천에 동참한다. 그리고 유대인의 문화에서 위선적인 친절보다 솔직한 의사 표현을 중시하는 풍

토가 사람들 간의 소통과 신뢰 형성에도 긍정적으로 영향을 미친다고 본다. 아마도 이런 점들은 누스바움이 이혼 후에도 유대인의 성을 그대로 유지하고 유대교 신앙을 지키도록 해준 이유가 되었으리라 짐작된다. 그녀는 소수자 혐오의 대표적인 예로 유대인 혐오를 주목하고 그것의 비합리성과 부당함에 대해 심도 있게 다룬다. 이로써 누스바움은 스스로 유대인이 되기를 결정했고, 자발적인 의사에 따라 유대인의 정체성을 지키고 있다고 볼 수 있다.

미국 사회에서 유대인들은 금융 자본과 학계에서 주요한 입지를 차지하고 있고 국가의 중요한 사안이나 정책의 결정에 상당한 영향력을 발휘하고 있다. 하지만 서구인들의 뿌리 깊은 유대인 혐오 정서가 미국 사회만 예외적으로 비껴갔다고 보기 어렵다. 누스바움에게는 가장 가까이에 있는 유대인 혐오자가 바로 그녀의 아버지였다. 그래서 누스바움이 유대인으로 살고자 결정한 일은 맨 먼저 아버지의 반대와 차별에 맞설 용기를 가져야만 하는 일이었다.

그렇다면 그녀는 왜 유대인으로서의 정체성을 지키는 길을 택했을까? 투사적 혐오에 대한 그녀의 견해를 살펴보면 그 이유를 조금 짐작할 수 있는 것 같다. 그녀는 줄곧 소수자에 대한 근거 없는 비난과 혐오가 잘못되었음을 지적한다. 철학자로서 그녀는 그러한 부당한 편견을 용인할 수 없을뿐더러 그에 대한 진지한 성찰이 필요하다고 역설한다. 누스바움이 유대인의 문제에 적극 목소리를 내기로 한 것은 아마도 그러한 문제의식과 무관하지 않아 보인다. 그녀가 어떤 '위대한' 사명감에서 그렇게 했다고 말할 만한 분명한 근거는 없다. 하지만 유대인에 대한 편견과 차별을 감내하고 그런 것들에 맞서고자 한 것은 분명 용기 있는 행동이라고 할 수 있다.

한편 누스바움은 법철학자로서 미국 사회의 동성애 혐오와 차별을 논한다. 『혐오와 수치심』, 『혐오에서 인류애로』와 같은 저서는 동성애에 대한 투사적 혐오, 그에 기반하여 배제와 차별을 법제화하는 문제를 심도 있게 다룬다. 동성애 문제에 대한 누스바움의 관심은 연극 활동과 함께 시작되었다. 『연민』의 서문에서 그녀는 극단 동료 중 한 사람을 짝사랑했으나, 그는 이미 인생의 동반자로서 다른 남성을 사랑하고 있었다고 쓴다. 누스바움은 연극계 안에서만 친밀한 관계를 밝힐 수 있고 공개적으로는 그럴 수 없는 동성애 커플의 현실이

"지극히 불합리하고 비이성적인 일"(『연민』, 18)이라 여겼다. 그녀는 이성애자에게는 당연하게 주어지는 권리가 동성애자에게는 철저하게 박탈되는 것이 부당하다고 보고, 그런 상황의 변화를 촉구한다.

누스바움은 사람들이 동성애에 대한 악의적인 비방과 편견에 대해 재고해 보길 충고한다. 보수적인 종교 단체, 특히 근본주의적 기독교 단체의 일원들은 동성애자들이 특별히 불결하고 패륜적이라는 낙인을 찍기 위해 배설물과 혈액에 의한 오염, 성적 문란함, 잠재적 아동 성범죄자 등의 유언비어를 퍼트리고 조장한다. 배설물, 육체성, 성행위 등에 대한 언급을 통해 불결함과 비도덕성을 부각시켜 반감을 불러일으키는 것은 투사적 혐오의 전형적인 수법이다. 이러한 매도에 현혹된 대중은 무비판적으로 동성애에 대한 편견과 반감을 굳히기 쉽다.

하지만 누스바움은 우리의 눈과 귀를 가리는 혐오의 장막을 걷어 내면, '사람을 사람으로' 볼 수 있다고 일깨운다. 동성애자는 특별히 불결하거나 이상한 존재가 아니며, 이성애자에 의해 함부로 '준동물'처럼 취급될 이유가 없다는 것이다.

우리가 낯선 이를 두려워하고 적대시하는 것은 그의 존재를 제대로 알지 못하는 이유가 크다. 그러므로 혐오의 해소를 위해서는 낯선 사람과 낯선 문화를 일상에서 자연스럽게 접하고 알아 가는 경험이 필요하다. 일례로 『인간성 수업』에서 누스바움은 인문학 수업 과제를 수행했던 한 대학생의 소감을 들려준다. 그가 제출해야 했던 과제는 자신이 게이라고 가정하고 부모에게 그 사실을 고백하는 편지를 쓰는 것이었다. 자신이 그리 개방적이지 않다고 여긴 만큼, 당시 그는 그 과제를 불편하게 여겼다고 한다. 하지만 시간이 지난 후 그는 그 과제의 의미를 되짚으면서 "우리는 살면서 사람들, 그러니까 다양한 유형의 사람들을 만나게 되기 마련이니까요. 늘 말입니다. 어쩌면 그 과제는 그런 다양한 사람들의 신념 체계를 이해하기 위한 시도였는지도 모르겠네요"라고 말한다.[5] 이처럼 다양한 사람들이 일상적으로 교류하고 교육을 통해 서로에 대한 이해의 폭을 넓히는 것은 혐오에 갇히지 않고 함께 어울려 살아가는 데 큰 도움이 된다.

———

5 마사 누스바움, 『인간성 수업』, 정영목 옮김, 문학동네, 2018, 22쪽.

누스바움은 유대교 회당에서 열린 종교 음악 행사를 위해 협업한 일을 언급하는데, 한 음악가에 관한 소개가 눈길을 끈다. 누스바움은 그가 "보수파 랍비와 결혼한 게이이자 아프리카계 미국인 남자아이를 입양해 키우고 있는"(『연민』, 251) 사람이라고 기술한다. 보수파 랍비가 동성 결혼을 했다는 것도, 게이임을 밝히고 유대교 회당의 음악가로 활동한다는 것도, 동성 부부가 아프리카계 미국인 남자아이를 입양했다는 것도 그리 흔한 일은 아니다. 미국 사회에서 여전히 뿌리 깊은 혐오는 유대인, 동성애자, 흑인을 향한 것일 텐데, 이 음악가의 삶은 그런 혐오에 정면으로 맞서는 것처럼 보인다. 동성애에 대한 종교계의 부정적 반응, 특히 유대교의 보수적인 성향을 생각했을 때, 보수파 랍비가 동성혼 관계를 밝히는 것은 분명 큰 용기를 내야 하는 일이었으리라 짐작된다. 또한 그가 유대교 회당의 음악가로서 성가대 활동을 지속하는 동안 여러 사람들 앞에 자신을 드러내는 일도 그리 쉬운 일은 아니었을 것이다. 그럼에도 이런 이야기를 통해 우리는 일반적인 이미지와 달리 유대교 내부에 유연하고 포용적인 입장도 존재한다는 것을 동시에 알게 된다. 어쩌면 이러한 종교적인 개방성과 관대함이야말로 신의 자비와 사랑을 충실히 따르는 길이라 할 수 있지 않을까?

이를 계기로 우리도 현재 우리 사회의 모습을 돌아볼 필요가 있다. 한국에서도 동성애에 대한 편견과 반감은 공고하다. 최근에 벌어진 사건으로 2023년 대구시가 해마다 열리던 퀴어 축제를 가로막았고, 이듬해 법원이 대구시에 축제 방해에 대한 손해배상을 선고한 일이 있었다. 그 축제는 법적인 신고 절차를 거쳐 평화적으로 진행될 예정이었다. 당시 경찰이 대구시와 대치하면서까지 축제를 보호하려고 했던 것을 보면, 행정당국의 금지 조치가 얼마나 무리였는지 알 수 있다. 이런 일을 목도하면서 우리는 다시 질문하고 생각해 보아야 한다. 집회의 자유는 헌법에 명시된 기본권이다. 개인의 성적 취향을 이유로 특정한 사람들에게서 국민 누구나 보장받는 권리를 박탈해도 되는 것일까?

얼마 전 교양 수업에서 나는 피터 싱어의 동성애 관련 논의를 소개하고 그에 대해 학생들과 이야기를 나눈 적이 있다. 수업 후에 몇몇 학생들의 의견을 들으면서, 동성애 이슈와 관련하여 내가 어떤 태도로 어느 지점에 서 있는지를 다시 한번 진지하게 생각해 보게 되었다. 한 학생은 동성애에 관한 여러 이야기가 사람에 대한 '평가'나 '편견'으로 들릴 수 있고, 만약 당시 성소수자인 학생이 수업을 듣고 있었다면 불편한 마음이 들었을 것이라고 조심스럽게 우려를 표했다. 또 다른 학생은 동성애에 관한 찬반 논쟁은 당사자의 존재 자체를 부정하는 것과 같다고 말했다. 그때 솔직히 나는 '존재 자체를 부정당하는 느낌'이란 말에 정신이 번쩍 들었다. 정상과 비정상을 나누는 것은 폭력이고, 차별과 혐오는 옳지 못하다고 목소리 높이면서, 나는 정말 무엇을 바랐던 걸까? 차별이 사라지는 더 나은 세상이었을까, 아니면 내가 차별에 반대하는 열린 사람이라고 과시하는 일이었을까?

이런 질문에까지 이른 것은 내가 학생들에게 자유롭게 어떤 이야기든 해 보자고 제안했을 때, 소위 '논의와 토론의 자유' 아래서 당사자가 어떤 심정일지에 대해 깊이 생각하지 않았기 때문이다. 더욱이 이성애를 기준으로 규범화된 사회에서 그리고 이성애자가 다수인 상황에서, 열린 대화란 것이 처음부터 어떤 한계를 노정할지에 대해 고려하지 않았기 때문이다. 실제로 한 사람에게라도 상처가 된다면, 그렇게 쉽게 토론을 제안할 수 있었을지 지금은 확신이 들지 않는다. 내가 아무리 '동성애도 사랑이고 그 누구도 타인의 사랑에 대해 함부로 판단하거나 간섭할 권리가 없다'는 등의 말을 늘어 놓아도, 동성애에 대한 논의 자체가 누군가에게는 '그 자신의 존재가 문제시되는 일'임을 너무 쉽게 간과했다.

퀴어 축제 근처에서는 어김없이 동성애 반대 집회가 열리고, 대선 후보들은 동성애 반대 의사를 표명하며, 종교인들도 심지어 포괄적 차별금지법이 동성애 반대를 표할 자유를 금지하는 악법이라 주장한다. 그 '반대'들은 지금 우리 주변에, 우리 사회 안에서 '이미 실제로 숨 쉬며 살고 있는 사람'에게 '다른 존재'가 되라고, 다른 존재가 되지 않으면 '현재의 그 사람'을 부정하겠다고 말하는 것과 같다. 우리 사회에서 이성애자는 그런 반대, 권고, 배척, 협박을 받지 않는다. 만약 우리 사회에서 이성애자가 소수자가 되고 다수자 집단인 동성애자들이 이성애를 문제 삼는다면, 그러한 반대도 옳은 것이라 받아들일 것인가? 동성애를 반대하는 사람들은 바로 그런 위험 때문에, 동성애를 반대하고 동성혼을 금지해야 한다고 주장한다.

그러나 이성애가 자연의 이치, 신의 섭리, 정상적인 것, 올바른 것이라면 무엇이 걱정이란 말인가! 본성은 생각이나 의지로 바뀌는 것이 아니다. 만약 스스로의 다짐이나 우연한 호기심, 타인의 영향으로 바뀌는 것이라면, 그것은 본성이 아니다. 그렇다면 동성애 반대자들은 이성애가 본성임을 확신하고 안심하거나, 이성애가 본성이 아니라고 말해야 할 것이다. 이성애가 본성이 아니라면, 동성애가 부정되어야 할 이유는 무엇인가? 자식을 낳고 인류 종족을 유지하기 위해서? 그러나 현재 우리 사회에서 수많은 이성애 부부가 자식을 원치 않으며, 만약 누군가 그들에게 출산을 의무로 강요한다면, 그것은 매우 부당하고 비상식적인 일로 여겨질 것이다.

누스바움은 우리가 상이한 가치관으로 인한 갈등을 마주할 때 밀의 '위해 원칙'을 고려해 보자고 제안한다. 그것의 핵심은 타인에게 해가 되지 않는 한, 모든 선택과 결정은 당사자의 자유로 인정해야 한다는 것이다. 동성애를 반대하는 사람들은 흔히 아이들에게 미치는 악영향을 이유로 내세우지만, 그런 주장은 '자연스럽고 본성적인 이성애'에 대한 확신과 모순된다. 더욱이 자유로운 사회라면, 개인의 취향과 선호, 사생활을 간섭하고 금지하기보다 각자의 자유와 자율성을 보호하고 확대하고자 노력해야 할 것이다. 누군가 선별하여 제시한 것들만을 고를 수 있다면, 그런 선택은 자유롭지도 자율적이지도 않다. 또한 '누가 사회 구성원에게 선별적인 가치를 제시할 권한을 갖는가'에 답하기는 더욱 어렵다. 그런 식의 의사 결정과 가치관의 형성은 자유로운 사회에서는 수용하기 힘들며, 통제 사회에나 어울리는 방식이다.

3장

—

본론 읽기

1. 철학의 질문, 철학의 시선

누스바움은 1장에서 철학이 사회를 구할 수 있는지 묻는다. 결론적으로 철학은 직접 사회를 구하지 못한다. 다만 철학은 사람들을 사유와 성찰로 이끌며, 그렇게 각성한 사람들이 사회를 구하는 일에 도움이 될 수 있다. 세상의 문제를 해결하려면 현실을 정확히 인식하고 그에 맞는 방안을 모색해야 한다. 이 모든 과정은 '생각'의 힘을 필요로 한다. 바로 이점에서 철학의 유익함이 발견된다. 우리는 어떤 상황에 처할 때 즉각적이고 감정적으로 반응할 수 있다. 어떤 거대하고 압도적인 위력 앞에 공포를 느끼거나 혹은 어떤 부당한 일에 거세게 분노하면서 이성을 잃어버리는 것처럼 말이다. 이러한 감정적인 반응이 자연스러운 면도 있지만, 그것이 전부가 되어서는 곤란하다. 철학은 우리가 감정으로 인해 판단을 그르치지 않도록 하고 이성적으로 생각하는 힘을 길러 준다.

누스바움은 미국의 대선 결과를 마주한 그 밤에 슬픔과 분노를 가라앉히고 차분히 생각해 보는 시간을 갖는다. 그녀는 이성적인 판단에 따라 행동하는 실천력을 보여 준다. 즉 문제적 상황을 마주할 때 어느 시점에서는 격정을 가라앉히고 냉정하게 사태를 직시하여 합리적인 방안을 찾아야 한다는 생각 그대로, 그녀는 앞으로 할 일을 정리하면서 이성을 되찾는다.

그 과정에서 누스바움은 자신의 마음을 지배하고 있는 것이 '두려움'임을 알아차리고 그것이 어디에서 유래하는지, 어떤 문제를 함의하는지 찬찬히 살펴보기로 한다. 이처럼 자신의 감정을 객관화하고 제대로 파악하기로 한 것은 '철학자다운' 결정이라 할 수 있다. 현재 느끼는 불안과 두려움의 정체를 제대로 알아야 그것을 스스로 관리하고 극복하는 것이 가능해진다고 보았기 때문이다. 그녀는 『연민』을 집필하게 된 첫 번째 이유가 '이해'를 위한 것이라 밝히면서 "이해가 없는 행동은 지향점을 잃고 즉흥적이 될 수밖에 없기 때문"(『연민』, 39)이라고 덧붙인다. 실로 우리는 좋음과 옳음의 가치를 위해 행동해야 하고, 그러한 실천은 합리적이고 올바른 인식에서 시작된다.

누스바움은 철학이 앎에 대한 확신이나 지적 우월함을 뽐내는 태도와는 분명히 다르다고 본다. 오히려 철학은 스스로의 무지에 대해 겸손하게 인정하면서 진리를 알아가려는 진솔한 의지에 가깝다. 철학은 사람들이 당연하다고 여기는 것들에 대해 다시 질문하고 생각해 보도록 돕는다. 그래서 철학에서는 어떤 문제에 대한 결론을 미리 내려놓고 대화하는 것이 아니라 타인과 의견을 교환하면서 답을 찾아 나가려는 자세를 취하는 것이 중요하다.

철학은 수많은 다양한 역사적 전통 가운데 많은 것들을 의미하지만, 내게 철학은 권위적인 판결과 같은 것이 아니다. 그것은 다른 사람들보다 더 심오하다고 주장하거나 현명한 의견을 자부하는 것과 관련이 없다. 철학은 우리가 아는 것이 얼마나 미약한지에 대한 겸손함, 면밀하고 상호적이며 진솔하게 논쟁에 참여하겠다는 약속, 평등한 대화상대자인 타인들에게 기꺼이 귀 기울이고 그들의 제안에 응답하겠다는 의지를 통해 "성찰하는 삶"을 살도록 이끈다. (MF, 10; 『연민』, 38 참조)

누스바움은 소크라테스의 철학적 태도에 특별히 존경을 표한다. 이러한 생각은 또 다른 저서 『인간성 수업』에서도 잘 드러나는데, 그 책에서 누스바움은 소크라테스의 문답법과 같은 의사소통 중심의 방식을 대학의 인문학 교육과정에서 적극 활용할 필요가 있음을 역설한다. 그녀는 학생들이 지식을 수동적으로 받아쓰는 방식이 아니라 스스로 질문하고 사유하면서 답을 찾아 나가는 과정이 중요하다고 보고, 대학 강의실에서 소크라테스의 대화와 논증 방식을 익힐 수 있어야 한다고 강조한다.

누스바움에 따르면, 소크라테스의 자유롭고 민주적인 교육법은 당대 보수적인 교육관을 지닌 사람들에게서 많은 비난을 받았다. 그중에는 소크라테스에게서 배우는 청년들의 부모들도 있었는데, 그들은 소크라테스가 자신들의 자녀를 잘못된 사상으로 이끌어 타락시킨다고 반발했다. 『인간성 수업』에 기술된 이 이야기는 『연민』에서 묘사된 누스바움의 아버지 모습과 묘하게 겹친다.[6] 그녀의 아버지도 대학생이 된 딸의 태도를 못마땅하게 여기면서, 대학이 젊은이들에게 왜곡된 역사관을 심는다며 강하게 비난했다.

누스바움은 우리 시대의 정치적 위기를 고찰하는 철학자로서 두려움이 지배하는 사회를 차분히 살펴보고자 한다. 그녀가 책의 제목에 '응시하다looks at'라 쓴 것도 그러한 생각을 반영한 표현으로 이해된다. 통상 우리의 인식은 '보는 행위'에서 시작된다. 어떤 것을 봄으로써 그 존재를 처음으로 의식하고, 그것이 무엇인지를 질문하면서 점차 더 많이 알게 된다. 그리고 어떤 대상이나 사태를 제대로 알기 위해서는 우선 그것을 '직시'해야 한다. 있는 그대로, 왜곡 없이 보기 위해서는 주의를 기울여 차분히 관찰하는 시간이 필요하다. 이런 이유

---

6   마사 누스바움, 『인간성 수업』, 17-19, 40쪽; 『연민』, 17쪽.

에서 누스바움은 두려움이 인간관계와 사회에 끼치는 영향을 밝히기 위해, 우선 그것이 어떤 감정이고 무엇에 근원을 두고 있는지를 면밀히 들여다본다.

이와 비슷한 맥락에서 '바라보는' 행위를 중요시한 철학자로 시몬 베유가 있다. 베유는 진리를 깨우치고 선을 행하기 위해서는 우리의 '주의력'을 길러야 한다고 말한다. 베유는 지성의 주의력을 강화하기 위한 방법으로 "주시하기regarder"를 강조한다. 또한 어떤 인상이나 상징을 이해하기 위해서 계속 해석하려 하지 말고 그 자체의 빛이 발할 때까지 가만히 바라보라고 조언한다. 베유에 따르면, 실재와 환상을 구별하기 위해서 우리의 시선은 대상에 머물러야 하고 다각도로 그것을 포착해야 한다. 우리가 시간의 변화를 겪는 동안에도 변하지 않는 것을 '주시'할 때 환상을 넘어 실재를 마주할 수 있다.

이렇듯 시간의 흐름에도 불변적인 것으로 존재하는 것은 베유가 우리 "영혼 안에 영원성의 점un point d'éternité dans l'âme"[7]

---

7 시몬 베유, 『중력과 은총』, 윤진 옮김, 문학과지성사, 2023, 160쪽; Simone Weil, *La Pesanteur et la Grâce*, Plon: Paris, 2022, p. 195.

이라 칭한 것과도 연결된다. 베유는 우리 안의 이 영원한 점이 씨앗과 같이 스스로 자라기 때문에 우리는 그것을 잘 지키기만 하면 된다고 말한다. '씨 뿌리는 사람의 비유'는 우리의 마음이 토양이고, 농부가 뿌린 씨는 그 토양에서 자라게 될 선함이라고 알려준다. 이와 비슷하게 베유가 말한 영원성의 점은 아마도 우리 영혼의 눈이 바라보는 빛la lumière, 우리의 지성이 주의력을 집중시켜 응시하는 선bien, 우리 안에 존재하는 진리vérité를 가리키는 것으로 이해할 수 있다.

이에 덧붙여 베유는 "육체 속 불변의 것을 응시함으로써 영혼 속 불변의 것을 키워나갈 수 있다"[8]라고 할 때 '응시하다'에 해당하는 말로 'la contemplation'이란 표현을 쓰는데, 이것은 흔히 관조, 명상을 뜻한다. 눈으로 응시하는 것도, 마음의 눈으로 보는 것도 어떤 그 무엇을 향해 주의를 기울이는 행위다. '어떤 그 무엇'은 그 무엇으로 있는/존재하는 것이고, '있는 그대로 있음'으로 이해되어야 하는 것이다.

어떤 사물을 '보는' 것은 그 존재를 알아차리고 관심을 기

---

8 같은 곳.

울이는 데서 시작하여 그것의 특성을 파악하고 본질을 통찰하는 일까지 모두 아우른다. 가령 관찰, 직시, 직관 등은 모두 '보다'라는 의미를 담고 있다. 이와 유사하게 통찰insight, 직관intuition, 견해view, 예견vision, 선견foresight 등도 모두 '보다'라는 뜻을 내포한다. 그러므로 우리가 존재와 진리를 접하는 방식은 '보는' 행위를 통해서 이루어진다고 할 수 있다. 앞서 말한 대로, 무언가를 이해하기 위해서는 그것에 우리의 시선을 두고 차분히 응시할 필요가 있다. 앞으로 우리는 누스바움의 시선을 따라 두려움이 팽배한 사회의 위기를 응시하면서, 우리의 미래를 위한 가치와 방향성을 모색할 것이다.

2. 두려움

두려움은 '원시적인 감정'이라 알려져 있고, 누스바움도 이런 관점을 수용한다. 우리가 두려움을 느낄 때 뇌에서 주로 반응하는 부위는 '편도체'로 알려져 있다. 이곳은 인지적인 사고나 판단과는 거의 연관성이 없다. 두려움은 위험이나 해악에 대한 즉각적이고 본능적인 반응으로 일어난다. 태곳적부터 호모 사피엔스는 다른 육식 동물에 비해 신체적으로 열등하고 유약했기 때문에, 외부의 위험 요소에 대한 민감성과 경계심을 키울 필요가 있었을 것이다. 그러므로 두려움은 인류의 생존을 위해 요긴하게 기능하면서 유전적으로 각인되고 진화한 감정이라 볼 수 있다.[9]

또한 두려움은 어떤 가치의 판단보다는 생존을 위한 유불리 혹은 위험 여부에 대한 직관적이고 본능적인 느낌에 가깝다. 이 점에서 두려움은 다른 감정들과 차이를 보인다. 가령 슬픔은 어떤 상황을 안타깝고 애석하게 여기는 마음이라는 점에서 일종의 가치 판단적인 성격을 갖는다. 분노 역시 부당하다고 여기는 것에 대한 반응이기 때문에, 시비 혹은 가치에 대한 판단과 연결된다. 이처럼 여러 다른 감정들이 인지적인 측면을 보이는 것과 달리, 두려움은 일종의 생존본능으로 각인된 원초적인 감정이다. 두려움이 여러 부정적인 감정들의 뿌리로 지목되는 것도 바로 이런 점에서 연유한다고 볼 수 있다.

---

9   김주환, 『내면소통』, 인플루엔셜, 2023, 33-51쪽.

또한 두려움은 '유아적인 감정'이다. 누스바움은 두려움의 감정을 분석하면서 유아의 불안과 두려움에 관한 연구를 참고한다. 인간은 생존을 위해 스스로 아무것도 할 수 없는 무력한 존재로 태어난다. 그런 상황에서 아기가 원하는 것을 얻을 수 있는 유일한 방법은 타인을 이용하는 것이다. 즉 아기는 지극히 자기중심적이고 일방적으로 보호자가 자신의 욕구를 해결해 줄 것을 요구한다. 유아의 나르시시즘적 성향은 스스로의 힘으로는 아무것도 할 수 없고 타인에게 의지하는 것만이 유일한 생존법인 상황에서 비롯되는 것이다. 그리고 그 중심에는 원초적인 두려움이 자리 잡고 있다. 이런 맥락에서 누스바움은 두려움이 "지독한 자기애적 감정"(『연민』, 59)이라 일컫는다.

한편 아기는 자신의 신체적 상황과 결핍을 해결하는 데만 집중하고, 보호자는 이런 요구를 무조건 만족시키려고 노력하는 점에서, 그들의 관계는 지배자와 피지배자의 관계에 비유된다. 아기는 마치 전제 군주처럼 자기 자신의 안위에만 집중하고 타인의 입장은 아랑곳하지 않는다. 또한 유아는 보호자인 어머니를 자신의 욕구 충족을 위해 일방적으로 이용하면서 자신의 무력감과 공포를 잠재운다. 이런 점을 고려할 때, 삶의 어려움과 고통을 해결하기 위해 타인을 지배하려는 심리에는 자신의 무능함에 대한 두려움이 내재한다는 것을 유추해 볼 수 있다.

누스바움은 정신분석학자이자 소아과 의사인 도널드 위니캇의 견해를 참고하면서 아기가 도덕적인 삶에 눈을 뜨는 시기를 주목한다. 아기는 자신의 요구가 관철되지 않을 때 분노를 쏟아내고 공격적으로 대우했던 대상이 바로 자신이 현재 사랑하는 사람인 어머니라는 사실을 인지하면서 자신의 이기적인 성향과 일방성에 실망한다. 위니캇은 이 시기에 아기는 자신에 대한 실망감을 부모에 대한 애정으로 대체하면서 도덕적인 태도를 취하기 시작한다고 설명한다. 그래서 누스바움 역시 아기의 "도덕성은 사랑과 함께 작용한다"(『연민』, 66)고 말한다. 이런 시기를 거치면서 아기는 점차 "너그러움과 이타심"을 보인다.

그래서 누스바움은 "배려와 사랑, 상호 존중은" 원초적인 두려움을 극복함으로써 획득하는 "커다란 성취"(『연민』, 70)라고 말한다. 사람은 자기만을 생각하는 유아적이고 편협한 상태에서 벗어나 타인의 존재를 인정하고 타인을 배려하며 타인과 친밀한 관계를 맺으면서 더 큰 세계를 경험한다. 우리는 모두 그렇게 성장할 수 있고, 또한 그렇게 성장해야 하는 존재다. 나만 생각하는 이기심, 세계가 나만을 위해 존재해야 한다고 믿는 세계관은 미성숙하고 유아적이다. 유아가 타인에게 전적으로 의존해야 생존할 수 있는 것처럼, 이기적인 사람은 타인을 이용하면서도 자신은 타인에게 아무런 도움을 주지 않는 방식으로 살아간다. 진정 성숙한 사람은 그런 의존적인 삶을 원하지 않을 것이다.

누스바움은 위니캇의 '촉진적 환경'이라는 개념을 소개한다. 그것은 아이들이 타인을 배려할 줄 아는 마음을 키우는 데 필요한 조건을 가리키는데, 핵심적으로 "폭력과 혼란으로부터 자유로워야 하고, 민족적 박해와 공포에 대한 두려움이 없어야 하고, 충분한 먹거리와 기본적인 건강 관리가 선결되어야 한다"(『연민』, 71)고 요약된다. 극단적인 예로, 전쟁터에서 사람들은 각자 자신을 보호하고 생존하는 일에만 집중하기 마련이다. 그런 상황에서 타인을 먼저 배려하고 존중하기란 매우 어렵다. 그러므로 아이들이 자기만을 생각하는 이기심

에서 벗어나 타인에게 열린 태도로 이타심을 발휘하며 살아
갈 수 있기 위해서는 안전하고 평화로우며 풍요로운 환경이
필수적이다.

누스바움은 개인적인 경험을 통해서도 한 인간의 성취와
행복을 위해 기본적으로 영양 섭취와 건강 유지 등이 매우 중
요한 조건임을 확실히 깨닫는다. 그녀는 『연민』의 서문에서
홈스테이 경험을 통해 자신과는 매우 다른 환경에서 살고 있
는 또래 아이의 태도와 가치관, 환경적 요소의 영향력 등을 주
목하게 되었다고 기술한다. 이러한 인식은 그녀가 아마르티
아 센과 역량개발의 기준을 세우는 연구를 진행하도록 이끌
었다. 누스바움이 『역량의 창조』에서 제시하는 10대 핵심역
량은 '생명, 신체 건강, 신체 보전, 감각/상상/사고, 감정, 실천
이성, 관계, 인간 이외의 종, 놀이, 환경통제'다.[10]

이 역량들의 목록을 참고하여, 우리 사회 구성원들이 어떤
조건과 환경에서 살아가는지를 점검해 보는 작업도 필요하

---

10 누스바움, 『역량의 창조』, 한상연 옮김, 돌베게, 2018, 44-52쪽; 『연민』, 286-
288쪽.

다. 계층, 지역, 직업, 성별, 출신 등에 따라 격차가 어느 정도인지, 그 격차를 심화하는 요인은 무엇인지를 면밀히 분석하고 해소 방안을 찾아야 할 것이다. 지금도 우리 주변에는 생활고로 인한 비극이 발생하고 있으며, '실천이성, 관계, 놀이, 환경통제' 등은 말할 것도 없고 '생명'과 '신체의 건강 및 보전'과 같은 기본적인 조건마저도 위협받는 사람들이 있다. 지난 대선 기간에도 아버지 간병을 감당할 수 없었던 한 청년의 비극이 보도되었다. 의료 혜택과 생활비 지원이 조금이라도 있었더라면, 그가 그토록 깊은 절망과 무기력에 갇혀 있지만은 않았을 것이다.[11]

한편 누스바움은 민주주의의 이상을 실현하기 위해서 두려움을 극복하는 것이 필수적인 과제라 본다. 그녀는 이 문제와 연관해서도 아기들이 나르시시즘을 극복하는 과정을 주목한다. 아이는 어머니의 돌봄을 통해 안락함과 기쁨을 느끼면서 막연한 두려움에서 벗어나 신뢰하는 마음을 갖게 된다. 또한 어머니를 독립적인 존재로서 인지하면서 일방적으로 자신

---

11 「"쌀 사먹게 2만원만.." 22살 청년 간병인의 비극적 살인」, 프레시안, 2021. 11. 3.

의 요구에만 따를 것을 강요하기보다 점차 어머니와 분리되는 시간을 받아들이고 인내할 수 있게 된다. 누스바움은 이러한 변화를 "절대왕정에서 민주주의적 관계로의 이동"(『연민』, 62)으로 비유하기도 한다.

따라서 민주주의의 실현과 발전을 위해서는 우리 내면의 원시적인 두려움을 서로에 대한 믿음으로 대체해야 한다. 그래서 누스바움은 "상호 의존과 평등을 중심으로 타인과 공존하기 위해 우리는 모든 인간이 탄생과 함께 겪는 나르시시즘을 극복해야 한다. 타인을 노예로 삼으려는 욕망을 배려와 선한 의지로 대체하고 유아기적 공격성의 한계를 수용해야 한다"(『연민』, 93)고 역설한다. 사람은 이기적인 자기애에 매몰될 때 타인을 자신의 욕망 충족을 위한 수단으로 이용하려 한다. 반대로 그런 나르시시즘에서 벗어나야 타인과의 협력과 공존이 가능해진다.

민주주의적 가치와 의미를 왜곡 없이 제대로 실현하는 길은 시민들의 합리적이고 개방적인 의식을 전제로 한다. 이런 점에서 철학의 역할이 지대하다. 대표적으로 소크라테스의 철학적 태도는 결코 진리 인식을 확신하거나 타인에게 그러한 앎을 일방적으로 강요하지 않는다. 그와 정반대로 자신의 무지를 끊임없이 성찰하고 자기 오류를 곧장 인정하는 진솔함을 유지하며 타인의 의견을 편견 없이 경청하는 개방성을 보인다. 이렇듯 철학은 자기 성찰과 비판적 사고, 타인에 대한 존중과 열린 마음을 키워 주면서 사람들 간의 합리적 소통과 민주적인 관계 형성에 도움을 준다. 누스바움은 철학을 '게으른 말의 졸음을 깨우는 쇠파리'에 비유한 소크라테스의 견해를 수용하면서, 민주주의의 미몽을 각성시키는 역할을 철학에서 찾고 있다.

소크라테스는 자신의 방법론이 각 개인의 생각을 중시하는 민주적인 자치를 목적으로 하는 것과 밀접하게 연관된다고 했고, 공적 숙의의 자질을 향상시키는 것이 민주제의 삶에 매우 가치 있게 공헌한다고 주장했는데, 그가 옳았다. 그는 민주주의를 "고결하지만 게으른 말"에 비유했고, 자신은 그런 민주주의의 등 위에 앉은 쇠파리와 같아서, 철학적인 질문의 날카로운 침으로 민주주의를 깨우고 발전시킨다고 했다. (MF, 11; 『연민』, 39

참조)

　누스바움은 두려움을 "군주적인 감정"(『연민』, 92)이라 칭하고, 반면 민주적인 관계는 노력과 인내를 기울여야만 힘들게 얻을 수 있는 것이라 말한다. 군주에게는 타인에 대한 신뢰와 연민이 필요하지 않다. 그는 다만 지배할 뿐이다. 백성들은 그저 무조건 복종하기만 하면 되고, 그렇게 만들기 위한 효과적인 방법은 그들의 두려움을 이용하는 것이다. 군주는 자신의 명을 어길 때 어떤 혹독한 대가를 치러야 하는지를 시연하여 백성들의 공포심을 불러일으키고, 그로써 백성들이 그의 명령을 따를 수밖에 없도록 만든다.

　이와 반대로, 사람들이 동등한 입장에서 호혜적인 관계를 맺기 위해서는 서로 간에 신뢰와 애정이 있어야 한다. 타인도 나처럼 고통받기 쉬운 연약한 존재라는 사실을 직시할 때, 서로에게 연민의 감정을 갖고 믿음에 기반한 관계를 형성할 수 있다. 이처럼 연민은 평등한 사람들 간의 교류와 연대를 가능하게 해준다는 점에서, '민주적인 감정'이라 칭할 수 있다. 누스바움은 현대 사회의 민주주의를 위해서는 권위를 앞세우기보다 수평적 관계에서 상호 인정하고 존중하는 문화가 뿌리 내려야 한다고 본다.

사람들은 서로를 신뢰할 수 없을 때 불안과 두려움을 느끼고 자기보존을 위해 방어적이거나 공격적인 태도를 취한다. 타인의 존재가 두려울 때 자신을 지키기 위해 위축되거나 폐쇄적인 태도를 취한다. 마찬가지로 타인이 위협적이라 생각될 때 자기보존을 이유로 타인을 먼저 제압하거나 공격하려는 성향을 보이기도 한다. 이 모든 경우에 두려움과 불신이 주요한 원인으로 작용한다.

타인이 나와 공존할 이웃이 아니라 생각되면, 그가 나와 다르다는 점 자체도 쉽게 문제시된다. 낯선 존재 자체를 기피 대상으로 삼으려는 마음에 혐오가 자리 잡고 있는 것처럼, 타인에 대한 두려움도 경계하기, 거리두기와 같은 행동으로 쉽게 이어진다. 소위 '일반', '정상', '건전', '모범' 등의 기준이 절대적으로 중요하게 되고, 그것에 부합하지 않는 것은 곧 이상하고 위험한 것으로 간주된다. 하지만 그 무엇도 결함 없이 완벽하지는 않기 때문에, 정상과 비정상의 구분은 임의적이고 유동적이며, 그런 만큼 근거가 불충분하다고 볼 수밖에 없다. 그 누구에게도 타자를 비정상으로 간주하고 경멸할 자격은 없다. 우리는 모두 완벽하지 않다는 점에서 동등한 처지에 있다.

사람들 간의 차이점을 평가하고 '다름' 자체를 특별히 대상화화는 관점은 언제든지 배타성을 띨 수 있다. 가령 낯선 것을 열등하다고 치부하면서 주변부로 내몰거나 그것의 존재 자체를 부정하는 것처럼 말이다. 누스바움 역시 이러한 "공격적인 타자화 전략"(『연민』, 28)을 우려한다. 다수의 사람들 혹은 주류적 경향과 단순히 다르다는 것은 결코 비난이나 배척의 이유가 될 수 없지만, 현실에서는 그러한 논리가 쉽게 대세를 이루기도 한다. 다른 것과 틀린 것은 분명 '다르다'. 하지만 여전히 우리 주변에서는 다름을 용인하지 못하고 틀렸다고 단정하는 목소리가 자주 들린다. 이제라도 우리 사회가 소수 의견을 얼마나 쉽게 묵살하는지, 소수자의 요구에 어느 정도의 포용력을 보일 수 있는지 진지하게 성찰해 보아야 한다.

한 사회가 얼마나 자유로운 곳인지를 가늠하는 척도 중 하나는 다양성의 공존이다. 자유로운 사회는 사람들 간의 다름을 인정하고 용인하는 것을 두려워하지 않는다. 어떤 사람을 다르다는 이유로 적대시하는 태도는 자유에 역행한다. 현재 우리 사회의 정치 공론장은 합리적 논쟁과 타협보다는 흑백 논리와 대결만이 난무하는 곳으로 전락하는 듯하다. 이것이 야말로 우리 사회의 정치적 위기라 할 수 있다. 왜냐하면 모든 사람을 아군과 적으로만 구분하려는 이분법은 다양성을 소멸시키고 다수의 의사에 무조건 복종하도록 만들기 때문이다. 이것이 획일화와 억압으로 이행하는 것은 당연한 수순이다.

민주주의는 다른 어떤 정치적 신념과 마찬가지로 완벽한 이상은 아니다. 아감벤은 민주주의와 전체주의가 아무런 공통분모 없이 대립적인 관계에 있다기보다 오히려 서로 내적인 연관성을 가질 수도 있다고 본다.[12] 또한 위대한 철학자인 플라톤과 아리스토텔레스가 민주정에 회의적이었던 이유는 그것에 내재한 위험성을 목도했기 때문이다. 그들은 폴리스의 시민들이 직접 법과 민주적 절차에 따라 소크라테스에게 사형을 언도했던 불행한 일을 지켜보았다. 대중이 비판적인

---

[12] 조르조 아감벤, 『호모 사케르』, 박진우 옮김, 새물결, 2008, 48-49쪽.

능력을 잃어버리고 우매한 상태에 빠질 때 민주주의는 무분별한 광기에 휩싸인다.

누스바움은 "반대하는 정신"을 위해 "기꺼이 혼자가 될 수 있어야 한다"(『연민』, 82)고 주장한다. 사람들은 대부분 다수의 의견에 편승하기를 바라며 다수에 반대하여 다른 목소리를 내는 데는 큰 부담을 느낀다. 2차 대전 당시 나치당의 선전 선동에 열광한 군중도 그러했고, 당시 문제의식을 지녔던 사람들마저 대부분 침묵했던 것도 같은 이유 때문이라 볼 수 있다. 이런 문제를 직시하면서, 누스바움은 "민주주의는 진실과 이상을 위해 위험을 감수하는 의지를 배양해야 한다"(『연민』, 82)고 주장한다.

또한 누스바움은 두려움으로 인한 오류에 대해 진지하게 생각해 보자고 제안한다. 두려움에 휩싸인 대중은 편협해지기 쉽다. 그래서 그들은 과학보다 두려움의 감정이 이끄는 대로 따른다. 두려움은 이성을 마비시키고 성급한 판단을 부추긴다. 인류사의 불행은 대부분 그런 문제에서 초래되었다. 대표적인 예로 유럽 사회를 혼란에 빠트린 마녀사냥의 광기는 두려움이 대중의 마음을 지배하고 있었기 때문에 너무나 오랜 세월 근절되지 못했다.

누스바움이 "두려움의 고통을 타인의 탓으로 돌리며 그들을 공격하게 될지도 모른다"(『연민』, 94)고 우려한 것처럼, 우리는 현재의 고난을 타인의 책임으로 전가하려는 유혹에 쉽게 빠질 수 있다는 점을 기억하고 그러한 편향성을 늘 경계해야 한다. 모든 문제에 대해 남 탓만 하며 회피하는 방식은 미성숙한 사람에게서 전형적으로 나타나는 모습이다. 두려운 상황에서 스스로 벗어날 수 없는 아이는 그저 울음이나 외침으로 불편함을 표하면서 전적으로 타인에게 의지하는 수밖에 없다. 하지만 우리는 모두 유아기를 벗어나 독립적인 인격체로 성장하면서 삶의 고통과 어려움을 스스로 짊어지며 살아야 한다. 이런 점을 고려할 때, 시민들이 상호 동등한 지위를 보장하며 자유롭고 민주적인 관계를 유지할 수 있으려면, 그들 각자가 책임감 있고 이성적인 태도로 삶의 고난을 마주할 수 있어야 한다.

누스바움은 궁극적인 성찰 과제로서 죽음에 대한 두려움을 직면하도록 이끈다. 누스바움에 따르면, 우리에게 죽음은 부정적인 사건만은 아니다. 우리는 죽음에 대한 두려움을 갖고 있기 때문에 건강하고 평화로운 삶, 사랑하는 사람들과의 관계, 사회의 질서와 규범 등의 소중함을 알고 지키고자 노력한다. 또한 죽음의 두려움은 인간적인 불완전성을 직시하고 인간의 동등함을 깨닫게 해 준다. 그 어떤 권력자라 해도 죽음의 한계를 초월할 수는 없고 모두가 언젠가는 죽을 운명임을 직시할 때, 우리는 타인을 자기 자신과 다르지 않은 사람으로서 바라보고 타인의 처지와 심정을 이해하려는 마음을 갖게 된다. 누스바움이 이에 관한 생각을 담아 쓴 구절을 읽어 보자.

죽음에 대한 두려움에 대해서는 할 얘기가 많다. 그것은 우리가 안전, 건강, 그리고 평화를 추구하도록 한다. 그 것은 우리가 사랑하는 사람들을 보호하도록 하고 우리 가 사랑하는 제도와 법을 지키도록 한다. 또한 우리 자 신이 사멸하는 존재임을 깨달을 때, 이것은 우리가 완전 히 동등하다는 사실을 일깨운다. 그러나 프랑스의 왕과 귀족들이 아무리 백성에게 군림하고자 해도 가장 중요 한 문제인 죽음 앞에서는 같은 처지임을 실로 부인할 수 없었다. 루소가 열성적으로 희망했던 것처럼, 그러한 인식은 연민과 호혜를 가져올 수 있다. 우리가 기아, 질병, 전쟁에서 서로를 보호하기 위해 함께 연대할 수 있는 것처럼 말이다. (MF, 42-43;『연민』, 74)

3. 분노

누스바움은 현재 당면한 사안을 두고 분노의 감정을 논한다면 "방어적인 입장"(『연민』, 89)을 취할 가능성이 크기 때문에, 과거의 기록들에 담긴 사례들을 참고하겠다고 밝힌다. 사실 분노는 어떤 일의 시비를 가리는 문제와 관련되기 때문에 논쟁을 불러일으키기 쉽다는 점에서 누스바움의 우려에는 일리가 있다. 이런 이유로 누스바움은 현재 논란 중인 정치 이슈가 아니라 고대 그리스의 비극 중 하나인 '오레스테이아'의 이야기를 통해 분노의 특성을 살펴보기로 한다.

아이스킬로스는 '오레스테이아'에서 아가멤논 가족의 불행을 그린다. 트로이 전쟁에서 그리스 연합군의 총사령관을 맡은 아가멤논은 아르테미스 여신의 분노를 사게 되어 출항

하지 못하자 그의 첫째 딸 이피게네이아를 제물로 바친다. 이 일로 그의 부인 클리타임네스트라는 깊은 원한을 품고 아이기스토스와 부정한 관계를 맺는다. 트로이 함락 후 귀향길에 오른 아가멤논은 아이기스토스와 클리타임네스트라에 의해 살해당한다. 오레스테스는 어머니 클리타임네스트라와 정부 아이기스토스를 죽임으로써 아버지 아가멤논의 원수를 갚는다. 이 일로 오레스테스는 친모 살해의 죄로 복수의 여신들에게 쫓기고 죄책감에 시달린다. 그는 아폴론의 도움으로 아테나의 법정에서 재판을 받고 사면된다. 이 과정에서 아테나는 복수의 여신들이 잔인한 복수를 포기하고 미래지향적인 아량과 평화의 길을 택하도록 설득한다. 이로써 복수의 여신들(에리니에스)은 자비의 여신들(에우메니데스)로 탈바꿈한다.

누스바움은 복수의 여신들이 자비의 여신으로 변신한 것이 "응보적 분노의 저주를 민주주의와 법으로 해결"(『연민』, 98)한 덕분에 생긴 결과라고 해석한다. 그녀는 이 이야기에서 다음의 두 가지 점을 강조하는데, 첫째는 아테나가 오레스테스의 친모 살해죄를 복수의 여신들이 응징하도록 떠넘기지 않고 '법적 제도'를 통해 처벌하기로 결정한 것이다. 아테나의 법정은 폭력이 아니라 논변을 통해 오레스테스의 행위에 대해 판결하고 책임을 지웠다. 둘째는 복수의 여신들이 완전히 다른 존재로 변화했다는 점이다. 극의 초반에 복수의 여신들은 무시무시한 외모로 피의 복수에만 집착하는 짐승 같은 존재로 묘사된다. 그러나 그들은 아테나 여신이 주관하는 재판정에서 점차 폭력성을 누그러뜨리고 말로써 의사를 전달하면서 상대편과 논쟁하는 모습을 보인다. 그리고 아테나의 제안에 따라 오레스테스의 무죄 판결을 받아들이고 도시의 수호자로서 시민들의 존경을 받기로 합의하면서 완전히 다른 모습을 갖추게 된다. 피에 굶주려 사냥감을 쫓는 짐승이 아니라 온화하고 단정한 모습의 여신들이 된 것이다.

누스바움은 이 비극 작품에서 극단적인 복수심과 결합한 분노는 법을 존중하는 민주주의 사회에서 용인될 수 없다는 교훈을 읽어 낸다. 아테나는 복수의 여신들에게 모든 것을 폐허로 만드는 응징과 폭력보다는 "미래지향적 박애"(『연민』, 100)를 택하라고 설득한다. 타인을 포용하고 용서하는 마음은 도시를 한층 풍요롭고 평화롭게 만드는 동력일 수 있다. 그래서 복수의 여신들은 '에우메니데스(자비의 여신들)'라는 새로운 이

름을 얻고 도시의 재화를 공물로 받으며 시민들의 숭배 대상
이 되는 영예를 누린다.

누스바움은 고대 그리스 민주주의의 역사에서도 분노가
주요한 문제였음을 발견한다. 당시의 정치적 논쟁을 기록한
문헌들을 보면, 자신이 부당한 일과 모욕을 당했다고 느끼는
사람들은 분노에 휩싸이고 집요하게 상대를 비난하며 잘못을
전가하는 모습을 보인다. 누스바움은 고대 그리스인들의 분
노에서 뚜렷하게 발견되는 특징으로서 인간적인 한계에 대한
두려움을 지적한다. 그리스인들은 신의 불멸성을 줄기차게
동경하고 숭배하는데, 이는 인간의 사멸성에 대한 두려움을
반영하기도 한다.

그래서 누스바움은 '모든 정치적 분노는 두려움을 먹고 자
란다'는 루크레티우스의 언명에 동의를 표하면서 분노를 '두
려움의 자식'이라 칭한다. 실제로 사람들은 무서워서 화를 내
는 경우가 많다. 화를 내는 사람들은 불만스러운 대상이나 상
황을 마치 자기 힘으로 제압하려는 것처럼 보이지만, 실상은
자신들이 공격당하거나 해를 입을지도 모른다는 공포를 분노
로 표출할 때가 많다. 누스바움은 두려움과 분노의 결합이 사

람들로 하여금 문제적 상황을 있는 그대로 직시하지 못하도록 가로막는 방해물이라고 지적한다. 성난 군중이 진실과는 상관없이 무고한 타인을 희생양으로 삼는 데에는 자신들의 두려움을 분노와 증오로 해소하려는 의도가 깔려 있다.

두려움은 분노의 필수적인 전제일 뿐만 아니라 분노의 네 가지 오류를 키우는 독이기도 하다. 우리는 두려움을 느낄 때, 행위 주체와 과정에 대해 주의 깊게 생각하지 않고 성급하게 결론을 내린다. 문제가 복잡하고 그것의 원인을 충분히 이해하지 못하면, 경제적인 문제들처럼 두려움은 우리가 사태를 파악하기 위해 잠시 멈추기보다 개인이나 집단에 비난을 쏟아내고 마녀사냥을 하게 만든다. (MF, 86; 『연민』, 120 참조)

또한 누스바움은 두려움을 "응보적 분노의 원인이자 공범"(『연민』, 102)으로 간주한다. 누군가가 나에게 고통을 안기면 분노와 함께 두려움도 생겨난다. 나를 지키기 위한 본능적인 반응으로서 고통의 정지를 바라는 동안, 가해 행위가 중단되지 않을지도 모른다는 두려움이 동반된다. 그러한 두려움이 클수록 가해자에 대한 분노와 복수심도 증폭된다.

응보적 사고는 "비난의 대상이 자기 행동에 대한 고통을 받아야 한다"(『연민』, 105)는 욕망을 담고 있다. 그러나 가해자를 똑같이 고통스럽게 한다 해도 이미 내가 당한 고통이 없어지지는 않는다. 이것이 응보주의 처벌의 한계다. 그래서 누스바움은 "고통이 고통을 해소해야 한다는 생각은 기만이고 허구일 뿐"(『연민』, 109-110)임을 일깨운다.

한편, 누스바움은 분노의 원인으로 크게 두 가지를 꼽는다. 먼저, 분노는 부당하게 해를 입은 것에 대한 반감 때문에 일어난다. 그런데 타인이 잘못했다는 나의 판단이 틀릴 수도 있기 때문에, 그에 따른 분노 역시 적절치 않을 수 있다. 잘못된 분노는 부정확한 판단 때문이거나 상대방의 행동을 지나치게 의식하는 데서 기인한다. 그래서 아리스토텔레스는 분노를 드러내지 않는 것은 노예적이라 비판하지만, 그 감정은 반드시 '적절한 때에 적절한 방식으로 적절한 정도'로 표한다는 조건에서만 용인될 수 있음을 강조한다.[13] 누스바움 역시 분노가 잘못을 시정하도록 하는 한에서만 제한적으로 허용되며, 그것이 과도해지지 않도록 항상 경계해야 한다고 본다.

사람들이 분노하는 또 다른 이유는 타인에 의해 무시당하거나 모욕을 당했다고 생각하기 때문이다. 타인에게서 소홀한 대접을 받거나 제대로 인정받지 못할 때 사람들은 좌절하고 분노한다. 아리스토텔레스는 이를 '계급 하락'에 대한 분노로 설명하는데, 누스바움 역시 이런 양상의 분노를 상세히 다룬다. 그녀는 지위에 대한 집착이 결국 자신의 삶을 타인들의 시선과 판단에만 맡기는 것이기 때문에 어리석다고 본다. 또한 타인을 나보다 낮은 자리에 위치시킴으로써 상대적으로 나의 지위를 높이려는 시도, 즉 '상대적 지위에 대한 집착'은 자기 존중도, 인간 존엄성에 대한 경외도 될 수 없다고 본다. 인간은 모두 평등하게 존엄한 존재이고, 이에 대한 분명한 인식이 있다면 그 누구도 차별하지 않을 것이기 때문이다.

인간 존엄성에 대한 존중과 타인에 대한 경멸은 병립할 수 없다. 누스바움의 말을 빌리자면, "존엄은 계급을 생산하지 않으며, 타인을 모욕하는 일이 존엄을 신장시킨다는 유혹에

---

13 아리스토텔레스, 『니코마코스 윤리학』, 천병희 옮김, 숲, 2018, 156-159쪽.

빠지지 말아야 한다. 명성과 달리 존엄은 누구에게나 공평하고 빼앗을 수도 없다"(『연민』, 114). 이렇게 볼 때, 현재 우리 사회에서 자주 문제가 되는 '갑질', 지위를 이용하여 타인을 무릎 꿇게 만들고 모욕감이 들도록 괴롭히는 것은 매우 잘못된 행동이라 하겠다.

분노에는 잘못을 시정하도록 이끄는 순기능의 측면도 있지만, 언제든 부정확한 추정과 결합하여 비합리적인 방식으로 표출될 수 있다. 제어되지 않는 분노는 상대를 함부로 비난하고 공격하도록 한다. 정치적 입장 차가 전혀 좁혀지지 않는 데에는 상대를 적으로 규정하고 분노의 감정으로써만 응대하기 때문이다. 그런 적대적 대결의 기저에 놓인 것은 상대의 잘못으로 미래의 희망을 찾을 수 없다는 비관적인 우려와 두려움이다.

애초에 이미 발생한 고통과 불행을 없던 일로 만들 수 없다면, 피해를 확실히 보상하고 그러한 불행이 되풀이되지 않도록 하는 것이 중요하다. 이때 우리는 단순히 분노를 표출하는 것보다 문제적인 상황을 시정하는 데 집중해야 한다. 이와 관련하여 누스바움은 '이행-분노Transition-Anger'를 주목한다. 이행-분노는 분노 자체보다 문제의 해결에 주안점을 둔다. 누스바움은 이행-분노가 과거의 불행과 아픔에 매달리기보다 현재의 문제점을 바꾸고 상황을 진전시키므로 '해결 방법을 찾는 분노'라 칭한다.

이행-분노 개념을 이해하기 위해 누스바움의 또 다른 저서 『분노와 용서』를 참고할 만하다. 거기서 누스바움은 이행-분노가 상대에게 모욕감을 주는 방법으로 그의 지위를 격하시키거나 고통을 똑같이 되갚아 주는 인과응보의 방식과는 전혀 다른 길을 모색하는 감정이라 설명한다.

이행-분노는 지위에 집중하지 않는다. 또한 피해를 되갚기 위해 잠시라도 가해자에게 고통을 가하려고도 하지 않는다. 이 감정은 결코 그러한 종류의 마법적인 생각에 연관되지 않는다. 이것은 처음부터 사회적인 복지에 초점을 맞춘다. 이행-분노는 "이것과 관련해 무엇이라도 해야 해"라고 말하면서 전략을 모색하는 데 몰두하며, 가해자를 고통스럽게 하는 것이 가장 멋진 방법 중 하나인지에 대해서는 의문의 여지를 남긴다. (AF, 36;

『분노와 용서』, 91 참조)

이처럼 이행-분노는 "보복하고자 하는 마음은 버리되 정당한 저항 정신은 유지"(『연민』, 124)하면서, 문제 상황의 개선을 위한 노력을 이끌어 낸다. 복수심으로 들끓는 분노는 우리를 계속 지난 일에 몰두하도록 하여 결국 과거에 갇힌 삶으로 후퇴시킨다. 하지만 이행-분노는 더 이상 보복심에 얽매이지 않고 현재의 문제를 해결하는 방향으로 우리를 이끌면서 더 나은 미래를 희망하도록 한다.

누스바움은 마틴 루터 킹 목사가 인종 차별주의에 맞서 평등한 시민권을 쟁취하기 위해 싸운 방식이야말로 이행-분노를 실천한 모범적인 사례라고 간주한다. 킹은 흑인을 억압한 백인에게 똑같이 고통을 안기려는 보복 충동을 극복하고, 백인과 흑인이 협력하여 평등한 시민권을 보장하는 사회를 이루자고 제안한다. 그는 인종 차별주의의 부당함에 분노했지만, 그 감정이 폭력과 증오의 행동으로 변질되지 않도록 하고, 곧장 문제의 해결책을 모색하는 데 집중했다. 바로 여기서 누스바움이 말하는 이행-분노, 즉 분노가 상황의 변화를 추동하는 감정으로 전환되는 모습이 발견된다. 킹은 백인을 비난하기보다 평등하고 정의로운 사회를 건설하는 데 동참할 것을 호소한다. 그의 저항 운동은 우리에게 응보주의의 헛된 환상, 즉 내가 당한 만큼 고통을 줌으로써 보상받겠다는 욕망을 경계하라고 가르친다. 누스바움의 표현을 빌리자면, "압제자의 고통과 추락은 고통받는 사람을 구하지 못한다"(『연민』, 126)는 생각을 실천적으로 일깨우는 것이다. 그런 점에서 킹은 과거에 얽매이지 않고 현재에 충실하면서 미래를 희망하는 삶을 살았다고 할 수 있다.

누스바움은 킹과 아이스킬로스의 의견에서 공통적으로 "민주주의는 파괴적이고 헛된 보복 욕구를 포기하고 인간의 안녕과 사법 정의라는 미래를 향해 나아가야 한다"(『연민』, 127)는 메시지를 읽을 수 있다고 밝힌다. 또한 그들은 부당함에 맞서는 시민의 용기를 강조했다는 점에서 같은 견해를 보인다. 누스바움은 킹이 '보복 없는 저항'의 가치를 실천적으로 증명했음을 높이 평가한다. '나에게 꿈이 있습니다'라는 구절로 잘 알려진 그의 연설은 적대감과 복수심을 뛰어넘어 새로운 미래에 대한 희망과 비전을 담고 있다.[14] 킹의 미래지향적이고 정의로운 비전이 지금의 현실에서 어떤 의미와 영향력을 갖는지에 대해 누스바움은 이렇게 쓰고 있다.

> 킹이 실제로 우리에게 상상해 보라고 한 것은 무엇인가? 그것은 단지 조지아에서 "노예의 아들과 노예주의 아들이 형제애 넘치는 식탁에 둘러앉을 수 있는 것"일 뿐이다. 그들은 모든 점에서 서로에게 동의하지도 않을 것이며, 구조적인 인종 차별주의가 과거사가 되는 것도 아닐 것이다. 다만 사람들은 함께 앉아 대화할 것이다. 우리 시대에 그것은 이미 현실이 되었다. … 킹은 완벽한 세계가 아니라 소소한 일상에서 형제애에 따라 인간적으로 행위할 수 있는 가능성을 믿으라고 우리에게 요

---

14 "나에게는 꿈이 있습니다. 언젠가 조지아주의 붉은 언덕에서 노예의 아들과 노예주의 아들이 형제애 넘치는 식탁에 둘러앉을 것이라는 꿈입니다. 나에게는 꿈이 있습니다. 불의와 억압의 열기로 찌는 듯한 미시시피주마저도 언젠가 자유와 정의의 오아시스로 변할 것이라는 꿈입니다. 나에게는 꿈이 있습니다. 사악한 인종 차별주의자들이 있는 알라바마에서, '간섭'과 '연방법 거부'와 같은 말을 입에 담는 주지사가 있는 알라바마에서 언젠가 어린 흑인 소년 소녀가 어린 백인 소년 소녀와 형제자매처럼 손 맞잡을 수 있을 것이란 꿈입니다." (MF, 91-92; 『연민』, 126 참조)

청한다. 그런 현실이 아름답게 되고, 그것이 희망을 품는다. 유토피아는 절망의 전조이고, 따라서 믿음과 희망은 가까이에서 아름다움을 찾을 필요가 있다. (MF, 214-215;『연민』, 264-265 참조)

누스바움은 분노가 끊이지 않는 보복과 원한의 악순환을 불러일으켜 종국적으로는 우리 자신을 해칠 수 있음을 경고한다. 복수심에 몰입하는 것은 인간적인 심성과 삶을 파괴한다. 그래서 우리는 보복에 얽매이지 않으면서도 불합리한 문제를 해결하고 정의를 실현한 사람들에게서 용기와 지혜를 배울 필요가 있다. 이에 대해 누스바움은 다음과 같이 쓴다.

사람들은 분노가 강력하다고 생각할지 모르지만, 그것은 언제나 우리 손에서 벗어나고 우리에게 되돌아온다. 그리고 더 심각하게는 거의 언제나 사람들은 신경 쓰지 않는다. 그들은 너무 깊게 응보의 환상에 빠져서 '상대에게 고통을 가할 수만 있다면' 아무 것도 이루는 게 없어도 좋다고 여긴다. 루크레티우스의 암울한 허구적 환

상은 우리가 두려움, 분노, 비난의 정치학에 지배되는
한 항상 패배할 수밖에 없음을 상기시킨다.

더 나은 대안은 있다. 아킬레우스는 그것을 알았고, 킹
은 그것을 알면서 실천했다. 정의와 복지의 미래를 이루
는 것은 힘들다. 그것은 자기 성찰, 개인적인 위험, 비판
적인 논증의 모색, 반대자들과 공동의 목적을 추구하는
불확실한 시작을 요구한다. 희망의 정신, 그리고 합리
적 믿음이라 명명할 수 있는 것의 정신으로 말이다. (MF,
94; 『연민』, 129 참조)

또한 누스바움은 킹이 몸소 보여 준 모범 가운데 '행위자
와 행위의 구별'을 주목한다. 이러한 실천 원칙에 따르면, 우
리는 오직 잘못된 행위만을 문제시하고 사람에 대해서는 함
부로 비난하지 않도록 노력해야 한다. 다시 말해서 타인의 잘
못된 행위를 그의 인격과 동일시하지 않아야 한다. 실제로 킹
은 흑인을 차별하는 백인들의 태도와 행위를 비판했을 뿐 백
인 자체를 증오하지는 않았다. 그렇게 할 때, 우리는 타인의
의견과 행동에 찬성하지 않더라도 그의 인간성을 존중하면서

함께 살아갈 수 있다.

4. 혐오

혐오는 유해하고 불결하다고 여기는 것들에 대한 극도의 두려움과 거부감으로서 그러한 것들과의 접촉을 극도로 꺼리는 마음이다. 가령 우리는 끈적이거나 고약한 냄새가 나는 물질, 배설물, 체액, 혈흔, 부패하는 사체 등을 보면 구토를 느끼고 피하고자 한다. 대체로 사람들은 혐오 대상과의 접촉을 통해 감염되거나 오염되는 것을 공포스럽게 여긴다. 인간이 생존에 위협적인 대상에 대해 두려움을 갖는 것은 오랜 진화적 과정의 산물로 해석된다. 누스바움은 이런 종류의 거부감을 "원초적 혐오"(『연민』, 139)라 일컫는다. 그것은 "죽음과 부패하게 될 형상에 대한 두려움"(『연민』, 142)으로 요약될 수 있다. 누스바움에 따르면, 혐오감은 어떤 대상을 해롭고 더럽다고 여기는 '주관적인' 느낌에 근거하기 때문에 비합리적인 착각이나 환상으로 흐를 위험이 크다.

그런데 원초적 혐오 대상의 특성은 우리 자신에게서도 발견된다. 우리는 체액, 체취, 배설물 등을 쏟아 내는 몸을 가졌다. 우리의 육체는 우리 자신이 동물의 일종이며 언젠가 모두 죽을 수밖에 없다는 사실을 끊임없이 확인시킨다. 인간이 죽고 썩어 없어질 존재라는 것은 우리의 모든 불안과 두려움의 근원이다.

그런데 사람들은 자신의 동물성으로 인한 불안과 두려움을 해소하기 위해 혐오의 방식을 택한다. 즉 특정한 집단의 사람들에게 인간의 동물성과 비천함, 죽음 앞의 한계성과 유약함을 마치 그들만의 고유한 특성인 것처럼 전가하는 것이다. 누스바움은 "특정 집단을 우리보다 더 동물적이라고, 더 많은 땀을 흘리고 냄새가 나고 성적이며 죽음의 악취가 풍기는 집단이라고 규정"(『연민』, 147)함으로써 스스로의 동물성에 대한 불안을 해소하려는 방식을 일컬어 "투사적 혐오 projective disgust"(『연민』, 148)라고 규정한다. 사람들은 취약한 사람들을 타깃으로 삼아 온갖 혐오적인 특성들을 덧씌우면서 마치 자신들은 그런 비천함과 아무런 상관이 없는 고결한 존재라고 믿는다. 하지만 이것은 거짓된 환상이다.

한편 누스바움은 부도덕한 것에 대한 반감이 혐오보다는

'분노'에 더 가까운 감정일 수 있음을 지적한다. 대표적인 예로 사람들은 정치 비리나 부정부패에 대해 '역겨움'과 혐오를 느낀다고 호소한다. 이런 경우 정치적인 타락은 물질적인 부패에 비유되고 구토를 유발하는 것으로 표현되지만, 실상 그때 사람들의 감정에서 핵심적인 것은 그런 부정의한 문제에 대한 반감과 '분노'다. 또한 누스바움은 설사 범죄자나 나쁜 정치인을 벌레와 같은 존재로 여기고 혐오한다면, 그 심리에는 타락한 사람들에게서 오염되지 않고 순수함에 가까워지려는 바람이 내재한다고 해석한다.

혐오는 문제의 해결보다는 '회피'로 기우는 경향이 강하다. 누스바움은 혐오가 사회적인 부정이나 모순을 타개하는 데 무관심하고, 심지어 그런 문제를 외면하도록 만드는 감정이라는 점을 비판한다. 또한 누스바움은 혐오가 범죄의 심각성을 인식하도록 해 준다는 주장에도 반대한다. 왜냐하면 우리는 혐오의 감정에 의존하지 않고서도 범죄가 유해하고 반사회적인 잘못임을 충분히 알 수 있기 때문이다.

누스바움은 혐오가 다른 부정적 감정들과 마찬가지로 두려움에 뿌리를 두고 있음을 지적한다. 그것은 오염과 감염에 대한 두려움으로서, 가령 더러운 것과 접촉하면 나도 똑같이 더러워질 것이라는 걱정, 유해한 것의 침투로 위험해지거나 죽을 수도 있다는 불안감 등으로 요약된다. 그래서 불결하고 해롭게 보이는 것들은 경계와 회피의 대상이 된다. 이는 전형적인 혐오 반응이다.

> 혐오는 항상 두려움에 대한 특정한 생각과 결합된다. 그러나 혐오가 두려움과 연관되고 특정한 두려움들의 조합으로 강화된다고 보면, 다른 특별한 조건이 없는 한 통상적으로 불안정한 시기에 혐오 집단의 필요성과 혐오 낙인의 강도는 높아질 것이다. 우리는 이러한 현상을 인식함으로써 감춰진 편견이나 어느 정도 드러난 편견에 대한 정책을 면밀히 검토하기 위한 노력을 강화해야 한다. (MF, 132; 『연민』, 170 참조)

누스바움은 미국 사회에서 두 가지 대표적인 인종 차별을 소개한다. 그것들은 유대인과 흑인에 대한 차별이다. 통상 유대인은 교활하고 속임수에 능하다고 비난받지만, 육체적으로 위협적이라 생각되지 않는다. 그와 달리 흑인은 지성적이지 않고 성적으로 왕성하며 육체적으로 통제되지 않는 위험한 존재로 간주된다. 누스바움의 아버지는 그녀가 유대인들과 어울려도 강하게 제지하지 않았지만, 흑인들과 교류하는 것은 극도로 반대했다고 한다.

누스바움은 매우 신사적인 사람으로 알려진 아이젠하워조차도 흑인 남성이 백인 소녀들에게 위험한 존재라는 의견을 표했음에 탄식하면서, 미국인들의 마음속에 뿌리 깊게 각인된 편견을 성찰해야 함을, "스스로 인종 차별주의자가 아니라고 믿는다고 해도 반대 방향으로 나아가기 위해 열심히 노력해야"(『연민』, 162) 함을 강조한다. 우리는 끊임없이 당대의 지배적인 의식과 가치관의 영향을 받으며 살기 때문에, 스스로 온갖 편견과 고정관념에서 완전히 자유로운 사람이라 자부하는 것은 위험하다. 오히려 마음속 깊이 은밀하게 뿌리내린 차별주의를 스스로 외면하거나 합리화하는 것은 아닌지 진솔하게 들여다보아야 한다.

사회에서 누군가 핍박받을 때, 누군가는 그에 대해 이의를 제기하고 피해자를 보호하려는 용기를 내야 한다. 주변에서 그런 용기를 가진 사람을 실제로 목격할 때, 사람들은 부당한 권력 행사와 억압에 대해 의문을 표하고 부정의한 일에 동참하기를 그칠 수 있다. 편견과 낙인이 나쁜 이유는 부정확한 추측이나 소문을 무비판적으로 받아들이도록 이성을 마비시키는 데 있다. 우리는 온갖 비합리적인 비난과 억측 때문에 사람을 있는 그대로 보지 못한다. 하지만 누군가 편견과 증오의 근거에 대해 질문하기 시작하면, 맹목적인 감정에서 한 발 벗어나 사태를 이성적으로 바라볼 눈을 뜨게 된다.

그런 점에서 우리는 차별에 반대하기보다 오히려 차별의식을 부추기는 정치인들의 행태를 단호하게 비판할 수 있어야 한다. 누스바움에 따르면, 혐오적 발언이나 공격에 대한 제재가 제대로 이루어지지 않는다면, 그것은 사회 구성원들에게 더 심각한 형태의 혐오 범죄를 일으켜도 된다는 식의 잘못된 신호를 줄 수 있다. 이와 관련하여 누스바움은 혐오 가해자들에 대한 처벌에 소극적이었던 트럼프 정부가 매우 위험한 결과를 초래했음을 비판적으로 평가한다.

편파적인 집단에 분명하게 책임을 묻지 않은 트럼프 대

통령의 실책은 그래서 극도로 위험하다. 암묵적인 편견, 동료 압력, "폭포 효과"에 대한 이해는 증오가 변하기 쉽다는 것을 보여준다. 혐오 시위에 참여하거나 심지어 혐오 범죄를 저지른 사람도 평생 그런 행동을 하려고 들지는 않는다. 그들은 허용과 승인의 신호에 따라 어느 쪽으로든 가거나 "과격화"될 수 있다. (MF, 131; 『연민』, 170 참조)

사회적 약자들은 혐오의 대상이 되기 쉽다. 공권력이 그들을 보호하는 데 적극적이지 않아서 그들을 공격해도 처벌받지 않을 것이란 믿음이 생길수록, 약자들에 대한 혐오 범죄가 증가하는 것은 당연한 수순일 것이다. 그래서 누스바움은 트럼프 대통령의 공개적 혐오 발언과 혐오 범죄자에 대한 관대한 대처가 "소수 집단에게는 공적 보호가 느슨해진다는 신호를 잠재적 가해자에게"(『연민』, 169) 노출한 대표적 사례라고 지적한다.

한편 누스바움은 혐오와 낙인을 극복하기 위한 구체적인 방법으로 다음과 같은 몇 가지를 제안한다. 우선 학교 교육이 모든 차이를 없애는 방식으로 이루어져야 한다고 주장한다. 장애 유무, 성별, 인종, 종교 및 문화적 배경 등을 불문하고 아이들이 같은 공간에서 배우고 교류하며 상호 간의 차이를 익숙하게 받아들일 수 있도록 해야 한다는 것이다. 또한 학교에서 면담을 통해 학생들이 모두 미래에 대한 계획을 세우도록 돕고 고용과 교육 기회에 대한 정보를 평등하게 제공한다면, 취약 계층의 아이들이 특별히 꿈과 의지가 없다는 식의 고정관념은 사라질 것이라 본다.

그리고 누스바움은 법을 통해 주거와 고용에서 차별이 없도록 하고, 학교와 지역을 계층이나 인종에 따라 분리하는 시도에 맞서야 한다고 주장한다. 이는 현재 우리 사회의 주요한 과제이기도 하다. 왜냐하면 우리나라에서도 계층 간 분리, 차별주의, 낙인의 문제가 자주 목격되기 때문이다. 대표적인 예로 지역, 동네, 학교 간 격차와 그로 인한 낙인과 편견을 생각해 볼 수 있다. 지역, 동네, 학교의 이름은 곧 사람들 각자의 경제력, 능력, 권력을 상징한다. 부촌과 빈촌, 아파트 가격 등에 따라 친구 관계가 결정되고, 임대 아파트에 사는 아이들을 향한 혐오와 낙인이 난무하며, 학교 교육 역시 그러한 사회적인 차별의 영향력에서 자유롭지 않다. 이런 분리주의와 차별의 문제를 해결하기 위해 우리는 누스바움의 문제의식과 해법을 진지하게 살펴보아야 한다. 우리 사회도 법을 통한 각종 차별의 금지, 학교 및 지역 간 통합을 위해 지속적으로 노력해야 할 것이다.

또한 혐오로 인한 문제적 상황에 대처할 때도 법과 원칙을 지키는 것이 중요하다. 미국에서 흑인에 대한 편견은 수많은 아프리카계 미국인들을 잠재적 범죄자로 취급하고 부당하게 대우하도록 만드는 요인이다. 이와 관련하여 누스바움은 사법 제도와 경찰권의 행사에서 '절차적 정의'를 엄격하게 수호하는 것이 중요하다고 본다. 그 누구도 피부색이나 문화적 배경에 따라 판단 받지 않고 명확한 규정과 절차에 따라 자신의 행동에 책임지도록 한다면, 사회 질서의 수호자인 경찰에 의해 무고한 시민이 목숨을 잃는 일은 없을 것이다. 그래서 누스바움은 "명확한 절차와 규칙은 편견과 낙인을 무력화하는 데 도움이 된다"(『연민』, 163)고 하면서, 법이 인종 차별주의의 저지선이 되어야 한다고 본다.

대부분 혐오는 타인의 문제에서 비롯되기보다는 오히려

자신의 편협함과 폐쇄성에서 기인한다. 사람은 누구나 자신을 지키기 위해서 방어적인 자세를 취하고 낯선 대상에 대해 경계심을 갖기 마련이다. 하지만 동시에 사람은 다른 사람과 더불어 살아가야 하는 존재이기도 하다. 사람이든 사회든 다양성을 수용하고 공존할 수 있는 힘이 클수록 자기보존의 힘도 커지기 때문에, 끊임없이 타자와 교류할 수 있도록 열려 있어야 한다. 그러한 개방성은 자기 보존을 위해서도 필수적이며, 반면 혐오의 배타성은 개인적 삶이나 사회적 활동에 도움이 되지 못함을 기억할 필요가 있다.

자유를 지향하는 공동체는 무엇보다도 '다양성'의 인정과 포용을 중요한 원칙으로 삼아야 한다. 차이를 인정하지 않고 획일적인 통일을 강요하는 것은 권위주의 사회에 어울린다. 가령 군주제 아래에서는 지배가 관철되는 것이 가장 중요하므로, 효과적인 통치술에만 집중하기 마련이다. 그래서 군주의 권위를 지키는 데 유용하다면, 공포나 억압도 얼마든지 택할 수 있다. 그러나 민주주의를 지지하는 곳에서는 일방적인 지배가 설 자리는 없다. 민주정에서는 동등한 지위의 시민들이 자유롭게 의견을 나눌 수 있어야 한다. 그러므로 시민들

간의 협력과 교류가 필수적인 민주 사회에서는 혐오와 차별보다는 관용과 호혜가 더욱 중요한 가치다.

혐오는 문명사회가 아니라 야만 사회의 특징이라 할 수 있다. 문명은 물질적인 재화의 축적으로 증명되는 것이 아니라 의식과 사상의 발전에 따라 평가되어야 하는 것이다. 따라서 아무리 풍요롭고 높은 수준의 기술력을 갖추었다 해도 사람들 간의 위계와 차별이 강요되는 사회라면 야만적이다. 왜냐하면 물리적 힘이 생존의 문제와 구성원들 간의 서열화를 결정하는 것은 동물세계의 법칙과 하등 다르지 않기 때문이다. 힘의 논리에 따라 식민 지배를 확장했던 제국주의가 문명과 기술을 아무리 과시하더라도 그것의 본질은 야만성에서 벗어나지 못했다. 인간이 인간을 차별하고 억압하는 것이야말로 미개함의 극단을 보여 준다.

누스바움의 저서들 가운데 『혐오와 수치심: 인간성을 파괴하는 감정들』과 『혐오에서 인류애로』는 혐오를 주제로 다룬 대표작들로 꼽힌다. 이 책들의 제목에 공통적으로 등장하는 단어는 '혐오' 이외에 인간성 혹은 인류애로 번역되는 'Humanity'다. 여기서 우리는 혐오가 인간성을 덮어 감추는 장막과 같은 것이며, 사람들이 서로 협력하며 함께 살아가기 위해서는 이 장막을 걷어 내고 인류애로 연결되어야 한다는 메시지를 읽어 낼 수 있다.

5. 시기심

누스바움은 시기심을 "타인이 가진 것에 주목하고 자신의 상황은 그보다 못하다고 비교하면서 느끼는 고통스러운 감정"(『연민』, 177)이라 설명한다. 시기는 내게는 없고 타인에게는 있어 보이는 것들에 집중한다. 나는 타인처럼 소유할 수 없다는 원망이 커지면, 설사 내가 아무것도 얻지 못하더라도 타인의 것을 망가트리려 한다. 이처럼 타인의 불행에서 만족을 느끼려는 왜곡된 마음이 바로 시기심이다. 누스바움에 따르면, 두려움이 군주의 지배와 가까운 감정인 반면, 시기는 사람들이 평등한 입장에서 경쟁하는 사회, 민주적인 사회에서 필연적으로 발생한다. 또한 시기심은 사회의 경쟁이 제로섬 게임과 같아서, 누군가의 이득은 누군가의 손해에 기반한다는 신념에 기반한다. 시기심의 뿌리는 타인과의 경쟁에서 승자가 될 수 없다는 불안과 무력감이다.

누스바움은 시기심envy과 유사한 감정으로서 모방 심리 emulation, 질투jealousy, 지위 불안에 기반한 분노 등을 소개하고 그것들 간의 차이점을 설명한다. 먼저 누스바움은 시기심과 모방 심리의 차이를 두 가지로 요약한다. 첫째, 시기는 타인의 성취만큼 자신은 해 내지 못할 것이라는 두려움을 바탕에 둔다. 그러나 모방 심리는 타인의 긍정적인 면을 닮고자 하며 자신도 노력하면 그렇게 될 수 있다고 여긴다는 점에서 시기와 다르다. 둘째, 시기는 사회적 재화의 취득을 제로섬 게임으로 여기도록 하지만, 모방 심리는 각자의 노력과 성취에 집중하도록 한다는 점에서 서로 다르다.

다음으로 누스바움은 시기심과 질투를 구별한다. 질투는 "내가 소유한 것을 잃어버릴지도 모른다는 두려움"(『연민』, 178)과 연관된 감정이다. 이를테면 좋아하는 사람의 관심을 독차지하지 못하고 다른 사람에게 뺏길 것 같다고 여길 때 느끼는 불안과 같은 것이다. 그러나 좋아하는 사람을 두고 경쟁할 것 같던 사람이 정작 아무런 호감이 없음을 확인할 때 질투는 자연스럽게 사라질 수 있다. 이와 달리 시기는 쉽게 만족하지 못하는 마음이다. 누스바움에 따르면, 시기는 내가 갖지 못한 어떤 좋은 것을 타인은 소유하고 있다는 착각과 연결되어 있다. 그래서 이 감정은 타인의 풍요롭고 행복한 삶 자체에 불만을 느끼고, 타인이 모든 것을 잃고 불행해지기를 바란다.

마지막으로, 누스바움은 시기심과 지위 불안의 분노를 구별하여 설명한다. 위에서 언급한 모방 심리나 질투에 비해, 지위 불안의 분노는 시기심과 구분하기가 가장 어려운 감정이라 한다. 지위 불안에 기반한 분노는 부당한 대접이나 모욕을 받았다는 생각 때문에 발생한다. 어떤 부당한 처사로 인해 본인의 지위가 떨어졌다는 느낌은 때로 순전한 오해일 수도 있으나, 어쨌든 지위 불안의 분노는 그러한 모욕적인 일이 있었다고 판단할 때 발생한다. 이와 달리, 시기심은 그 어떤 모욕감을 느끼는 일이 없이 타인의 행복만으로도 촉발되는 감정이다. 즉 남을 모욕하지도 않았고 심지어 자신이 시기의 대상이 되었음을 인지하지도 못하는 사람이 누군가의 시기심으로 인해 피해를 입을 수 있다.

이런 이유에서 누스바움은 시기심에서 나온 비난은 타당한 비판일 수 없고 "파괴적인 적개심"(『연민』, 180)일 뿐이라 평가한다. 시기심에서 부유한 사람을 비난한다면, 그 재산이 부당하게 형성되었으므로 그의 소유권 역시 부당하다는 논리를 택하기 쉽다. 누스바움은 이러한 주장이 합당한 비판일 수 없으며 단순한 시기와 증오에 불과하다고 본다. 부자에 대한 시기심은 그가 재산을 잃고 가난해져야 한다는 주장으로 이어지겠지만, 부자를 향한 모방 심리는 자신도 열심히 일하면 부유해질 수 있다는 희망과 연결된다. 재산 및 소득의 차이가 존재하는 사회에서 시기심은 시민들이 서로를 향해 실패와 빈곤을 바라도록 부추긴다. 그러나 사회적으로 추구해야 하는 방향은 모두가 가난해지는 것이 아니라 모두가 함께 풍요로운 생활을 영위하는 길이다. 이런 이유에서 우리는 시기심을 극복하기 위해 노력해야 한다.

시기심에 관한 누스바움의 논의는 과도한 경쟁과 승자독식의 법칙을 되짚어 보게 한다. 우리 사회에서는 사람들의 능력과 성과를 지나치게 세분화하여 평가하고 그 과정에서 드러난 근소한 차이를 매우 큰 격차인 것처럼 과장한다. 그러한 차별화에 근거하여 지위와 신분을 끊임없이 나눈다. 재화가 한정되어 있기 때문에 모든 사람이 다 나눠 갖지는 못한다는 논리가 강화되면서, 사회의 경쟁은 제로섬 게임으로 치닫는다. 선의의 경쟁은 사라진 지 오래다. 많은 사람이 극심한 경쟁에 시달리고, 최종 승자만이 모든 결과물을 가져가는 구조다.

누스바움은 사람들이 서로 경쟁심과 증오에 매몰되는 이유를 "뿌리 깊은 불안과 불확실성"(『연민』, 184)에서 찾는다. 시기심 역시 두려움과 긴밀하게 연결되는데, "간절하게 필요로 하는 것을 얻지 못한다는 두려움"(『연민』, 181)이 시기심의 근간을 이루고 있다. 따라서 정치 공동체는 재화의 획득을 둘러싼 불확실성을 제거함으로써, 사람들이 자신들의 노력에 따라 원하는 것을 얻을 수 있다는 자신감을 갖도록 해 주어야 한다. 개인들의 수고를 충분하고 공정하게 보상해 주는 제도를 확립해야 시기심으로 분열된 사회를 변화시킬 수 있다. 구체적으로 생각해 본다면, 생필품을 획득하기에 용이한 여건, 안전하고 편안한 생활공간, 교육과 의료 혜택의 평등한 보장, 각자의 역량을 충분히 발휘하도록 돕는 제도의 확립 등이 있겠다. 시민들이 타인의 실패와 가난을 바라는 왜곡된 감정에서 벗어나려면, 모두가 인간적인 품위를 지킬 수 있을 정도의 물질적 풍요와 정신적 여유를 누려야 한다. 그리고 이를 위해서는 사회의 분배 정의가 실현되어야 한다.

이와 관련하여, 누스바움은 전쟁과 경제적 위기로 인한 사회적 불안에 대해 국가가 성공적으로 대응한 사례를 짚어 보면서 "두려움 자체를 두려워해야 한다"(『연민』, 203)는 루즈벨트 대통령의 명언을 인상 깊게 받아들인다. 루즈벨트는 두려움이 팽배한 국가를 재건하기 위해서는 '최소한의 사회 안전망'을 세우는 것이 관건이라 여겼고 그러한 진단을 통해 뉴딜 정책을 성공적으로 이끌었다. 누스바움은 당시 실업, 의료, 건강보험, 사회보장 등을 위한 제도적 기반을 마련하고 대공황의 위기를 극복해냈던 정부의 정책이 아메리칸 드림을 가능하게 했던 원동력이라 평가한다. 그러한 역사적 경험을 계승하고 관련 정책들을 지속적으로 추진해나가는 것은 현 세대에 부과된 과제다.

한편 우리 사회의 사회적 이슈 가운데 시기심으로 인한 문제를 살펴본다면, 대기업 노조에 대한 악의적인 비난을 조명해볼 만하다. 언론사들은 고액 연봉에도 불구하고 임금 인상을 요구하는 대기업 노동자들의 '뻔뻔함'을 자주 지적한다. 하지만 그들의 임금은 노동 시간과 강도에 따라 책정되기 때문에, 전혀 터무니없는 몫으로 간주하기 어렵다. 더욱이 모든 노동자는 임금과 노동 조건의 개선을 요구할 권리를 법적으로 보장받으므로, 대기업 노조는 다른 모든 노동조합이 그러하듯이 합법적으로 임금 인상 및 노동 조건 개선을 사측과 협상할 수 있다. 그러므로 우리 사회는 대기업 노조의 법적 권리 주장을 탓할 것이 아니라 오히려 중소기업 및 하청업체 노동자들의 처지를 개선하는 데 주력해야 한다. 노동자들의 생활 수준을 전반적으로 하락시키는 것이 아니라 상승시키는 것이 분명 더 나은 방향이다. 이를 위해서는 공동체 구성원들이 재화의 분배를 제로섬 게임으로 여기지 않고, 공동의 협력을 통해 더욱 풍요해질 수 있음을 체감할 수 있어야 한다.

이 지점에서 우리 모두 솔직하게 물어보자. 진정 노동자들은 고액 연봉을 받아서는 안 되는 걸까? 왜 우리는 대기업 경영자의 고액 연봉은 당연하게 여기고, 노동자들의 고액 연봉은 부당하다고 여길까? 노동자들은 결코 부유해서는 안 되고 자본가들은 당연히 부유해도 된다는 생각에 정말로 아무런 문제가 없을까? 나는 노동자들이 가난한 사회보다 그들을 풍요롭게 해 주는 사회가 훨씬 좋다고 생각한다. 노동자든 경영자든 자본가든 자신의 수고와 기여도에 따라 합당한 몫을 배분받되, 기왕이면 모두가 잘 살 수 있는 방식으로 사회적 분배가 이뤄져야 하지 않을까?

시기심의 극복을 위해 누스바움은 시민들이 이타적인 마음을 고양할 수 있는 일을 일상의 현실에서 직접 경험해 보는 것이 중요하다고 본다. 그래서 그녀는 독일의 대체복무제에서 착안하여 젊은이들의 사회적 체험 및 봉사를 위한 제도 등을 제안한다. 청년들이 각계각층의 생활을 직접 경험하면서 도움이 필요한 곳에 일정한 기여를 하도록 한다면, 그것은 공동체적인 사랑과 연대를 체험하도록 하는 교육적 장이 되는 것은 물론이고 시민들 간의 유대와 협력을 강화하는 과정일 수 있다. 누스바움은 "조국에 대한 사랑, 민주주의를 위해 기꺼이 자신의 삶도 포기한 많은 이들의 헌신적인 봉사, 형제애와 건강한 노동, 소수자와 이민자들의 포용이 증오보다 더 빛난다는 결심"(『연민』, 198) 등에서 큰 의미를 발견한다.

시기심은 결코 완전히 사라지지 않을 것이다. 그러나 만약 성장기의 아이가 자신감을 갖고 삶의 좋은 것들에 스스로 접근할 수 있다고 느끼기 시작하면, 그리고 파괴적인 마음을 관대함, 창의성, 사랑 등과 같은 건설적인 대안으로 대체한다면, 아이는 시기심의 고통을 좀 더 쉽게 극복할 수 있다. … 정치 공동체는 사람들에게 그들 스스로에 대한 확신과 삶에서 좋은 것들에 스스로 접근할 수 있다는 확신을 일으킬 수 있다. 정치 공동체는 특별히 두드러지게 시기심을 자극하는 경우를 최소화할 수 있다. 그리고 사람들에게 타인에 대한 관대함과 사랑과 같은 건설적인 대안을 제시할 수 있다. (MF, 146; 『연민』, 186-187 참조)

시기심을 극복하기 위해서는 그것을 당위적으로 억제하기보다 다른 긍정적인 감정에 집중하는 편이 나을지도 모른다. 이런 이유에서 누스바움은 사랑과 아량의 마음을 키우는 것이 중요하다고 본다. 또한 누스바움은 아리스토텔레스의 윤리를 적극적으로 포용하는 만큼 '덕의 실천'을 중요시한다. 아리스토텔레스는 꾸준한 실천을 통해 덕을 체화하는 것이 중요하며, 그런 노력을 통해 현실적으로 유덕한 사람이 될 수 있다고 가르친다. 공동체는 시민들의 덕을 성장시키는 토대를 마련하고, 유덕한 시민들이 공동체 운영에 자율적으로 참여하도록 독려해야 한다. 누스바움은 공동체의 보존과 발전이 "덕의 문화를 중시하는 시민 의식"(『연민』, 202)에 달려 있다고 본다.

이와 더불어 누스바움은 편협한 시기심의 제국에서 벗어나 세계를 향해 눈을 뜰 수 있는 사람으로서 성장하기를 독려한다. 그녀의 '세계 시민' 개념은 무조건 타인과의 경쟁에서 이겨야 한다는 강박에 시달리는 우리에게 새롭고 놀라운 세계관을 열어 준다. 이와 관련하여 『학교는 시장이 아니다』에 기술된 누스바움의 견해를 함께 살펴보자.

우리 중 누구도 이러한 전 세계적 상호의존성의 외부에 있지 않다. 세계 경제는 우리 모두를 먼 곳의 삶과 묶어 놓았다. 우리가 소비자로서 내린 가장 단순한 결정마저도 우리가 사용하는 상품들을 생산하는 먼 나라 사람들의 생활수준에 영향을 미친다. 우리의 일상적 삶은 전 세계의 환경을 압박한다. 매일 우리가 멀리 떨어져 있는 사람들의 삶에 영향을 미치는 수많은 방식을 외면하면서 머리만 모래 속에 파묻듯이 회피하는 것은 무책임하다. 그렇다면 교육은 우리가 단지 미국인, 인도인, 유럽인이기보다 (옛날부터 있는 말로 표현하자면) "세계 시민"임을 자각하며 이러한 논의에서 실질적인 역할을 하도록 해 주어야 한다. (NP, 80; 『학교는 시장이 아니다』, 138 참조)

마지막으로, 나는 시기심을 부추기는 소셜 미디어의 문제에 관한 누스바움의 견해를 주목해 보고 싶다. 그녀는 현대 사회에서 "유명인들의 뒤를 좇는 문화와 자기애 넘기는 소셜 미디어는 시기심의 문화에 일조"(『연민』, 202)하고 있음을 지적한다. 이와 관련하여 누스바움은 그리 상세한 논의를 펼치지는 않지만, 이런 문제의식은 우리에게 매우 중요한 성찰 과제를 안긴다. 누구나 SNS를 통해 유명인들의 화려하고 풍요로운 일상을 접할 수 있게 되면서, 다수의 평범한 사람들은 소외감과 박탈감을 안고 타인의 삶을 동경한다. 점점 더 많은 사람이 경쟁하듯 자신의 행복을 과시하려 하고, 그로 인해 사회 전반적으로 타인을 시기하는 분위기가 심화된다.

이럴 때 가장 심각한 문제는 사람들이 타인에게서 소외될 뿐만 아니라 자기 자신에게서도 소외된다는 것이다. 스스로를 과시하려는 사람에게도 '타인의 시선'이 중요하고, 타인을 동경하는 사람에게도 '타인'이 중요하다. 이런 상황에서 현재 우리에게 절실하게 요구되는 것은 다시 시선을 돌려 스스로에게 집중하고, 자기 삶의 주인으로서 행복과 만족을 얻으려는 노력이다.

6. 성차별주의와 여성 혐오

누스바움은 자신이 유일하게 피할 수 없었던 차별이 성차별이라고 생각한다. 그녀는 하버드 종신 교수직 임용 심사에서 여성이라는 사실이 불리하게 작용했을 것이라 짐작한다. 비록 명문대의 종신 교수가 되지는 못했지만, 그녀는 세계적으로 명성이 높은 철학자로 존경받으면서 자신을 가로막고 있던 유리벽을 스스로의 고유한 방식으로 격파했다. 누스바움은 학문적 활동과 업적을 통해 '여성은 남성과 달리 철학적 사유 및 논리적 분석 능력이 결여된 존재'라는 학계의 오랜 고정관념이 틀렸음을 증명해 낸 것이다.

누스바움에 따르면, 여성에 대한 적대감은 크게 세 가지 형태로 드러난다. 첫째, 그것은 여성들이 더 이상 남성들의 보조자로서 봉사하려 하지 않고 남성들의 몫을 빼앗아 가고 있다는 '두려움 섞인 비난'이다. 둘째, 그 적대감은 여성의 육체성과 임신 및 출산에 대한 '두려움 섞인 혐오'로 표출된다. 여성의 몸은 남성의 몸에 비해 더 불결하고 동물적이라는 식의 주장이 대표적이다. 셋째, 현재 여성들은 점점 더 많이 사회적인 성공을 이루고 남성보다 월등한 능력을 증명하고 있는 추세다. 이로 인해 '두려움 섞인 시기심'이 여성에 대한 적대감을 심화시킨다.

또한 누스바움은 여성에 대한 남성들의 일방적인 요구를 다음과 같이 요약한다. 첫째, "의무를 다하지 않는 여성"(『연민』, 214)이다. 더 이상 가정 내에 머무르려 하지 않는 여성은 본래 해야 할 일을 외면하는 사람이고 남성을 불행하게 만든다는 것이다. 둘째, "육체성을 가진 여성"(『연민』, 215)은 남성에 비해 동물적이고 성적인 존재로서 인간의 취약성과 죽음에 대한 불안을 부추긴다. 이는 여성이 가정 안에만 머물면서 남성의 통제를 받아야 한다는 주장의 근거로 활용된다. 셋째, "성공한 경쟁자로서의 여성"(『연민』, 215)은 남성들의 좌절과 시기를 증폭시킨다. 이제 남성들은 자기들끼리의 경쟁뿐만 아니라 여성들과의 경쟁에서 싸워야 한다는 부담을 갖고 그런 상황의 어려움을 여성의 탓으로 돌린다.

누스바움은 '성차별주의'와 '여성 혐오'를 구분한다. 성차별주의는 여성을 남성보다 열등한 존재로 간주하고 차별하는 신념이다. 성차별주의자들은 흔히 공적 영역에서 여성의 활동을 못마땅하게 여기거나 금지하려는 주장을 펼치는데, 이는 모순적이다. 여성이 애초에 남성보다 못하다면 경쟁에서 자연스럽게 도태될 것이므로 여성에게 기회를 제한하거나 금지할 이유가 전혀 없기 때문이다. 오히려 성차별주의는 여성과 남성의 동등성에 대한 불안을 정반대의 논리로 은폐하고 있다고 볼 수 있다.

이와 달리 여성 혐오는 여성의 능력을 직접적으로 부정하기보다는 여성의 사회적 진출과 성공을 감정적인 어조로 비난하면서 여성을 가정에 묶어 두려는 시도로 드러난다. 여성 혐오는 남성들만의 영역 및 특권을 공고히 지키기 위해 여성에 대해 적의를 드러내는 행위나 태도를 가리킨다. 통상 공개적으로 여성의 인격을 깎아내리고 망신을 주는 식의 발언을 통해 이루어진다. 모든 혐오적 표현이 그러하듯이, 여성 혐오역시 잘못된 편견이나 억측에서 비롯되기 때문에 비합리적인감정이다.

누스바움은 성차별주의와 여성 혐오의 차이를 다음과 같이 간명하게 설명한다. 성차별주의자는 "불쌍한 여성들, 언제나 능력을 발휘하지 못하지"라고 말하는 반면, 여성 혐오자는 "빌어먹을 여자들이 못 들어오게 해"라고 한다(『연민』, 225). 이런 차이점에도 불구하고, 이 두 가지 신념 체계는 서로 보완적인 관계를 형성하기도 한다. 성차별주의는 때로 여성 혐오를합리화하기 위한 논리로 쓰인다. 여성 혐오는 합리적인 이유없이 여성을 공개적으로 비난하고 모욕하며 공적 영역에서여성을 배제하려 한다. 이를 위해 여성 혐오는 가사에 충실하고 가장에 순종하는 것이 여성의 미덕이라는 식의 성차별적인 논리를 동원하기도 한다.

트럼프는 여성의 업무 수행 능력을 정면으로 부정하지는 않는다. 다만 그는 공공연하게 여성의 외모, 월경, 수유 등에 대해 역겹다고 말하면서 여성의 사회적 지위를 흔든다. 그런 점에서 트럼프의 발언은 여성 혐오에 해당한다. 트럼프의 혐오 정치는 소수의 특권을 지키고 그 외의 사람들을 타자로 간주하기 때문에 편협하고 배타적인 세계관으로 머무를 수밖에 없다. 그것은 더 이상 세상과 여성들의 변화를 포용하지 못하는 낡은 이데올로기에 불과하다. 여성들은 점점 더 많은 영역에서 성취를 이뤄 내고 그에 걸맞게 의식적으로 각성하고 있다. 그래서 여성들은 더 이상 남성의 보조자, 가정의 수호자로 머무르는 데 만족하지 않는다.

현실에서 여성들은 점점 더 성공을 이루고 있다. 여성 혐오자들(트럼프의 발언에 환호했던 사람들)의 또 다른 세계에서 여성들은 불쌍하고, 역겹고, 헤프고, 약하고, 추하다. 현실 세계에서 여성들은 매력적인 조력자의 역할을 점점 더 거부하고 있다. 그들은 성공의 다른 기준을 요구한다. (MF, 192; 『연민』, 238 참조)

누스바움은 여성 혐오 역시 두려움과 깊이 연관된다고 본다. 남성들은 여성의 불순종, 육체성, 성공 등에 대해 불안과 두려움을 갖는다. 어머니이자 아내로서의 역할을 거부하는 여성에 대한 남성들의 거센 비난은 기본적으로 여성을 더 이상 가정에 묶어 두지 못할 것이라는 두려움을 내포하고 있다. 그리고 모든 혐오가 인간의 동물성 및 육체성을 대상으로 하는 것과 유사하게, 남성들은 여성의 신체적 특성과 기능에 대해 불안을 느끼고 여성의 몸을 통해 죽음에 대한 두려움을 재확인한다. 그래서 그들은 여성의 몸과 성을 자신들의 통제권 아래에 두고자 한다.

여성 혐오는 모든 투사적 혐오와 마찬가지로 명백히 두려움에 의해 추동된다. 두려운 것은 죽음과 사멸하는 육체성이다. 그러나 만약 여성들이 그 두려운 (하지만 종종 욕망되는) 상태를 대변한다면, 그들은 먼지와 죽음을 대변하고 두려움의 대상이 되며, 바로 정확히 그런 이유로 훈육과 통제를 받게 된다. (MF, 194; 『연민』, 242 참조)

그러나 명백하게도 혐오는 죽음에 대한 두려움을 극복하는 데 도움이 되지 못한다. 그 누구도 죽음을 피할 수 없기 때문에, 죽음을 막연히 부정하거나 터부시하기보다 오히려 죽음에 대한 우리의 관점을 재고해 볼 필요가 있다. 어떤 특정한 집단의 사람들에게 인간 신체의 유약함과 죽음의 한계성을 전가한다고 해서, 그것에 대한 공포가 근본적으로 해소되지는 않는다. 오히려 인간이라면 누구나 죽을 운명임을 담담하게 인정함으로써, 모든 사람들이 나와 같이 유약한 존재임을 깨닫고 연민 어린 시선으로 바라볼 수 있어야 한다. 그럴 때 타인과의 평화로운 공존과 유대가 가능해진다.

우리 사회에서도 구성원들 간의 갈등과 시기심을 이용하는 나쁜 정치가 자주 발견된다. 재화는 한정되어 있고 경쟁은 극심한 상황에서, 시민들이 자기 안위에만 몰입하며 타인의 성공에 시기심을 느끼는 것은 어느 정도 불가피하게 보인다. 이럴 때 정치가 최소한의 인간다운 삶을 보장하는 방안을 만들어내고 시민들의 무력감과 불안을 덜어 주면서 신뢰와 연대감을 회복하는 것이 중요하다. 그러나 불행하게도 우리 사회의 정치는 그러한 역할을 외면하고 정치공학적 판단에 따라 계층, 성별, 세대 간의 분열을 증폭시키는 행태를 자주 보인다. 최근에는 그중에서도 특히 성별 대립을 조장하여 지지세를 확보하려는 나쁜 정치의 양상이 두드러졌다. 시민들은 어떤 정치인이 낡은 성차별주의와 여성 혐오를 동원하여 오직 득표할 궁리만 하고 있는지 기억해야 한다.

현재 우리의 불행은 여성 대 남성, 청년 대 기성세대, 미성인 대 성인, 장애인 대 비장애인이라는 편 가르기 논리가 난무하는 곳에서 살아야 한다는 데 있다. 하지만 지금 우리 각자를 옥죄는 문제들이 정말 여성의 탓, 남성의 탓, 그 외 어떤 집단의 탓일까? 그리고 그렇게 타자에게 책임을 전가하는 것이 현실의 문제를 해결하는 데 효과적일까? 시민들이 서로를 탓하고 시기하는 동안, 사회적인 갈등과 부조리를 조정할 임무를 띤 시민의 대표자들은 책임을 방기하기 쉽다. 그들이 공동선을 이뤄 내는 데 필요한 설득과 수고를 뒤로 하고, 언제든지 시민들의 시기심과 증오를 이용할 수 있음을 잊지 말아야 한다.

7. 우리 사회의 단면들

우리가 누스바움의 『타인에 대한 연민』을 읽어 보아야 할 이유는 그녀가 분석하는 미국 사회의 현실을 파악하는 데 있지 않을 것이다. 그보다는 누스바움이 설명하고 있는 부정적 감정들의 사회 정치적 작용 및 여파를 고려하면서 '우리 사회'의 문제를 성찰해 보는 것이 중요하다.

나는 우리 사회에서 발생한 문제 가운데 무엇보다도 다음의 사건들을 깊이 숙고해 보아야 한다고 생각한다. 첫 번째 사건은 '자유대학생연합'이란 단체가 벌인 이른바 '폭식투쟁'이다. 그것은 인터넷 커뮤니티 '일간베스트저장소' 회원들로 알려진 이들이 세월호 유가족 김영오 씨(유민 아빠)의 단식 농성장 근처에서 음식을 먹으며 소란을 일으킨 일이다.

단식은 생존에 필요한 영양 섭취를 중단하면서, 곧 죽음을 각오하면서 다른 사람들에게 자신의 생각을 알리고 동의를 구하는 행동이다. 또한 단식은 문제 해결을 위한 별다른 수단을 갖지 못한 사람들이 최후에 택하는 방법이기도 하다. 김영오 씨의 단식은 자식을 잃은 아버지의 마지막 절규와 같았다.

그러한 처지에 있는 사람을 조롱한다는 것은 진정 인간으로서 상상하기 어려운 일이다.

폭식투쟁은 유가족을 모욕하고 좌절시키기 위해 기획된 것임이 분명해 보였고, 그래서 매우 충격적이었다. 단식의 반대로 폭식을 감행하고, 말과 논리가 아니라 가해 행위로 자신들의 뜻을 관철하는 모습에서는 최소한의 '위선'조차 찾아볼 수 없다.[15] 사람의 생명과 죽음을 희화화하는 것은 가장 비열한 방식으로 인간성을 파괴하는 행위이며, 피해자뿐만 아니라 그것을 지켜보는 이들의 마음에도 커다란 상처를 남긴다. 그래서 폭식투쟁은 우리 사회에서 유일무이한 반인륜적 폭력으로 기억될 것이다.

두 번째 사건은 대구의 한 주택가 주민들이 이슬람 사원 건립에 반대하면서 적대적인 기행을 보인 일이다. 이슬람 유학생들은 종교 생활을 위해 사원 부지를 매입하고 건축 허가

---

15 피터 싱어는 "위선은 덕이 악에 비해 상대적으로 우위를 점하고 있음을 나타내며, 인종주의자와 성차별주의자들이 위선으로 스스로를 포장하고 있다는 사실은 어느 정도의 도덕적 진보를 의미한다"라고 하면서 위선의 도덕적 의미를 역설적으로 해석한다. 피터 싱어, 『더 나은 세상』, 박세연 옮김, 예문 아카이브, 2018, 27쪽.

를 받았지만, 주변 주택가 주민들이 강력하게 반대하면서 공사가 중단되었다. 주민들은 공사장 근처에서 돼지고기를 나눠 먹고 심지어 돼지머리와 족발을 전시하기도 했다.

사원 건립에 반대하는 주민들은 그 사안과 무관하게 마을 잔치를 벌인다고 주장하고, '내 집 앞에서 삼겹살을 구워 먹는 것에 대해서 왜 설명해야만 하는지 이해할 수 없다'며 반문한다. 하지만 상식 있는 사람이라면 설사 내 집 앞에서 삼겹살을 구울 때도 이웃을 신경 쓸 수밖에 없다. 주변을 전혀 배려하지 않고 타인에게 해를 가하는 행동은 결코 자랑스러워 할 일이 아니다. 토론과 소통이 필요한 상황에서 먹고 즐기는 소란을 벌이고, 그런 퍼포먼스가 상대에게는 치명적인 상처임을 알면서 잔치는 잔치일 뿐이라고 변명하는 모습은 '폭식투쟁'과 놀랍도록 닮아 있다.

두 사건의 공통적인 문제점은 해당 사안에 대한 직접적인 논의를 회피하면서 강력한 반대만을 외치는 점, 상대방을 마치 '투명 인간' 취급하는 방식으로 모욕하는 점, 아무런 의도가 없다고 주장하면서 직접적인 공격을 가한다는 점 등이다. 그리고 공통적으로 이 두 사건에서는 두려움, 분노, 혐오, 시기심 등이 주요한 기제로 작동하고 있다. 극우 성향의 청년들이 유가족의 요구마저도 정치적으로 해석하는 모습에서는 레드 콤플렉스와 같은 불안이 엿보인다. 또한 그들이 사회적으로 소외되면서 느끼는 분노와 시기심 등은 사태를 악화시키는 요인이었으리라 짐작된다. 한편, 사원 건립에 반대하는 주민들이 '이슬람은 곧 테러리스트'란 확신을 되풀이할 때도 낯선 이에 대한 막연한 두려움이 드러난다. 주택 밀집 지역의 폐쇄성은 공동체 내의 소통과 교류가 빈약함을 반영한다. 결국 도시에서 각자도생의 파편화된 삶을 유지하는 동안 사람들의 마음을 지배하는 것은 이웃에 대한 경계와 시기심이다. 더불어 두 사건에서는 모두 왜곡된 현실 인식의 문제점이 발견된다. 이런 경향성과 관련하여, 누스바움은 혐오가 비합리적인 환상과 연결되는 문제를 정확히 지적한 바 있다.

4장

—

우리에게 남은 과제

1. 두려움을 넘어 희망으로

누스바움은 두려움 및 여타 부정적 감정들에 대한 분석을 마무리하면서 '희망'을 강조한다. 그녀는 희망을 '실현 가능성'과 연관 지어 생각하지 않아야 한다고 본다. 그리고 그 이유로 다음의 세 가지를 언급한다. 첫째, 사람들은 설사 나쁜 결과를 예측하더라도 희망을 갖기 때문이다. 또한 힘든 상황에서도 희망을 품는 것이 결국에는 조금이라도 좋은 결과를 낳게 하는 원동력이 된다. 그러므로 성공 가능성과는 별개로,

설사 매우 어려운 일이라 하더라도, 원하는 바를 실행에 옮기도록 하는 것이 희망이다. 둘째, 희망은 '가치를 추구하는 마음'이기 때문에 단지 가능성의 문제에만 국한해서 이해해야 하는 것은 아니다. 희망은 단순한 욕망의 대상보다는 그 어떤 가치와 의미를 지닌 것을 추구하도록 한다. 셋째, 누스바움은 희망이 두려움과 유사하게 "언제나 엄청난 무력감을 동반한다"(『연민』, 253)고 설명한다. 왜냐하면 희망은 현재 상황에서 쉽게 획득할 수 없는 그 어떤 고귀한 것을 바라는 마음이기 때문이다.

이런 점들을 고려했을 때, 희망은 두려움과 완전히 구분되는 별개의 심리 상태가 아님을 알 수 있다. 오히려 희망은 두려움과 매우 긴밀하게 연결되어 있어서 "두려움의 사촌, 혹은 뒷면"(『연민』, 254)이라 일컬어진다. 희망과 두려움이 생기는 이유는 우리가 미래를 생각하는 존재이기 때문이다. 우리는 미래를 완전히 통제할 수 없기 때문에 불안을 느끼면서도, 그와 동시에 아직 결정되지 않은 장래에 대한 기대를 펼치기도 한다. 이처럼 미래의 불확실성은 '불행에 대한 두려움'과 '행복에 대한 희망'을 일으키는 요인이다. 누스바움은 두려움과 희망의 이와 같은 양면성에 대해 "두려움은 일어날지도 모르는 나쁜 결과에 집중하고 희망은 좋을 결과에 집중한다"(『연민』, 255)고 하면서, 언제나 우리의 시각과 태도가 중요함을 강조한다.

스토아학파는 미래의 불확실성과 그로 인한 불안에 초연해질 것을 조언한다. 우리가 불완전한 존재로서 외부 세계를 통제하는 데 무력할 수밖에 없다면, 차라리 우리 내면의 안정을 유지하기 위해 노력하는 편이 낫다는 것이다. 그래서 스토아학파는 스스로의 마음을 다스리는 일 외에 무언가를 희망하거나 사랑하지 말 것을 강조한다. 누스바움은 이러한 스토아학파의 입장에 동의하지 않는다. 우리가 가족이나 조국에 대한 사랑마저도 외면하며 사는 것은 중요한 가치를 잃어버리는 것과 같다고 여기기 때문이다. 대부분의 사람들은 실제로 자신만의 세계에서 벗어나 타인들에 관심을 갖고 애정을 쏟으며 산다. 그래서 누스바움이 "깊은 사랑을 간직한다는 것은 곧 두려움과 희망에 사로잡힌다는 뜻이기도 하다. 때때로 깊은 슬픔에도 사로잡힌다"(『연민』, 254)라고 한 것은 희망과 두려움, 사랑과 슬픔의 연관을 자연스럽게 받아들이라는 조언으로 읽을 수 있다.

누스바움에 따르면, 두려움은 폐쇄적이지만 희망은 개방적이다. 두려움은 움츠리고 문을 걸어 잠그고 혼자 고립되는 상황을 초래하지만, 희망은 마음을 열고 타인들과 세상을 향해 개방적인 태도를 갖도록 한다. 그래서 누스바움은 희망을 '높이 날아오르는 새'의 이미지로 떠올리기도 하고, "희망은 밖으로 향하고 두려움은 안으로 움츠러든다"(『연민』, 255)라고 표현한다.

그렇다면 우리는 왜 두려움에 휩싸이기보다 희망을 택해야 하는가? 누스바움은 우리가 희망해야 할 이유로서 그것이 "가치 있는 사랑과 신뢰를 가능하게 해주기 때문"(『연민』, 257)이라 밝힌다. 두려움은 우리 스스로 경계선을 긋고 그 한계 안에 머물도록 한다. 스스로 잠재력을 믿지 못하는 이유는 타인이나 외부적 요인보다는 자기 내면의 두려움 때문인 경우가 많다. 그러나 희망은 똑같이 불확실한 상황에서도 우리 자신의 힘을 믿게 하고, 두려움이 그어 놓은 한계선을 넘어서도록 한다.

희망은 기본적으로 미래의 불확실성을 인정하는 데서 출발하기 때문에, 자신이 모든 것을 통제할 수 있다는 망상에 얽매이지 않는다. 그런 점에서 희망은 모든 것을 자기 뜻대로 통제하려는 나르시시즘이나 모든 사람을 이용하려는 군주적인 지배욕과는 확실히 다르다. 오히려 희망은 독립성을 존중받길 바라는 타인의 마음을 인정하고 그와 함께 살아갈 길을 찾게 해 준다. 이런 점을 가리켜 누스바움은 희망이 "타인의 독립성에 대한 존중, 군주적 야망의 포기, 마음의 확장과 연결되어 있다"(『연민』, 262)고 말한다.

누스바움은 우리 자신의 불완전성을 대하는 마음은 희망으로 채워져야 한다고 본다. 즉 "우리는 결점이 있는 인간으로 태어났기에 노력을 통해 우리가 바라는 선한 것들이 실현될 기회가 현실적으로 존재한다고 믿어야 한다"(『연민』, 263)는 것이다. 우리는 완벽하지 않기 때문에 더 나은 사람이 되기를 바랄 수 있다. 그리고 그런 바람을 자신에게뿐만 아니라 타인에게도 투영한다. 내가 이성적으로 생각할 수 있는 것처럼 타인도 그런 능력을 가진 존재로 인정할 수 있어야 한다. 그럴 때만이 우리는 타인을 신뢰하고 그와 소통하며 살아갈 수 있다.

누스바움은 키케로가 두려움과 절망에 맞서고 공공선을

향한 희망을 품을 수 있었던 것은 정의를 추구하고 사랑을 간 직한 덕분이라 말한다. 그런데 키케로의 사랑은 두려움이 전 혀 없는 상태의 마음이 아니었다. 누스바움은 "타인을 사랑하 거나 국가를 사랑하는 일보다 우리를 취약하게 만드는 건 없 다"(『연민』, 119)고 하면서 사랑과 두려움이 서로 연결되어 있음 을 지적한다. 그녀는 키케로가 딸의 죽음과 로마 공화정의 몰 락으로 깊은 비탄에 잠겼던 일화에서 "온전히 사랑한다는 것 은 곧 고통을 뜻한다"(『연민』, 120)는 메시지를 읽어 낸다. 달리 말해서 우리는 누군가를 사랑하면서 그의 안위와 행복을 걱 정하고, 그를 떠나보내야 할지도 모른다는 두려움에 휩싸이 기도 한다.

그럼에도 우리는 사랑 덕분에 두려움을 극복하기도 한다. 사람들은 사랑하는 대상을 지키기 위해 위험과 고통을 감수 한다. 죽을지도 모른다는 두려움을 느끼면서도 그 위험한 상 황을 피하지 않도록 해 주는 힘은 사랑에서 나온다. 사랑은 두려움에 맞서게 하는 용기를 일깨운다. 용기는 두려움이 없 는 마음 상태가 아니라 두려움을 느끼면서도 그에 맞서려는 의지를 세우는 마음이다. 그렇다면 진정한 용기는 사랑에서 나온다고 할 수 있다.

누스바움은 희망과 밀접하게 연결되는 두 가지 감정적 태도로 믿음과 사랑을 주목하며, 이것들이 정치적 삶에서 필수적으로 요청된다고 본다. 누스바움에 따르면, 믿음은 다른 사람도 이성과 감성을 지닌 존재로 여기고 존중하게 해 준다. 또한 사랑은 타인도 선을 지향하며 언제든 긍정적으로 변화할 수 있는 인간으로 바라보게 해 준다. 이러한 사랑을 통해 희망이 싹트고 유지될 수 있다.

타인에 대한 사랑이 없다면, 스토아학파의 초연한 삶과 냉소적인 절망마저도 희망의 삶보다 훨씬 더 의미 있게 되고 더 많이 요구될 것이다. 그래서 사람들이 희망에 관심을 갖기 이전에, 기본적인 수준에서 필요한 사랑이 있다. 그러나 희망의 습관이 발전하는 것처럼, 그것은 사랑의 습관에 의해 유지되고, 타인에게서 선함을 찾고 최악보다는 좋은 것을 기대하는 정신의 관대함에 의해 유지된다. 또한 희망의 습관은 사랑과 정신적인 관대함의 습관을 유지시키기도 한다. 킹이 자주 언급한 것처럼, 행위자를 행위와 분리시키는 법을 배우는 것이 이런 종류의 사랑에 도움이 된다. 행위는 분명히 비난받을 수 있다. 그러나 사람은 항상 그들의 행위보다 더 크게 성장하고 변화할 수 있다. (MF, 216-217; 『연민』, 266 참조)

누스바움은 차별과 폭력에 똑같은 방식으로 보복하려는 유혹을 떨치기 위해서는 "행동과 행동하는 사람을 분리"(『연민』, 266)해야 함을 강조한다. 이는 '죄는 미워하되 사람은 미워하지 마라'는 경구를 떠올리게 한다. 누스바움은 잘못에 대해서는 냉정하게 비판하고 정확하게 시정을 요구하되, 잘못을 저지른 '사람'에 대해서는 최소한 기본적인 예의와 존중을 저버리지 말아야 한다고 당부한다. 우리가 경계하고 멀리해야 하는 것은 사람이 아니라 잘못된 행위이기 때문이다.

또한 누스바움은 악에 악으로 대응하지 말 것을 충고한다. 그녀는 "인종 차별주의자들을 악으로 규정하지 않으면서도 인종 차별주의를 비난할 수 있다"(『연민』, 269)고 하면서, 만델라와 킹의 삶에서 답을 찾고자 한다. 그들은 정치적인 반대세력을 증오하지 않으면서 그에 저항하는 길을 택했다. 그래서 낡은 질서와 관념의 철폐를 주장하면서도 그것에 얽매이지 않고 더 큰 가치를 추구할 수 있었다. 누스바움은 인종 차별주의가 아무리 잘못되었다 하더라도 인종 차별주의자를 대하는 감정은 혐오나 복수심이 아니어야 한다고 본다. 어떤 경우에도 인간성을 파괴하는 감정들을 용납할 수는 없기 때문이다.

한편 누스바움은 정의와 사랑의 불가분성에 주의를 기울인다. 그녀의 또 다른 저서 『정치적 감정』의 부제는 '정의를 위해 왜 사랑이 중요한가Why love matters for justice'다. 이 책에서 누스바움은 "우리가 생각하는 좋은 시민이란 나무랄 데 없이 바른 행동을 하는 신체 강탈자 같은 존재인가, 아니면 진정한 사랑을 품고 있는 사람인가?"[16]라고 질문을 던진다. 그리고 누스바움은 곧 "우리는 삶에서 갖는 다른 중요한 역할들에서 이것을 쉽게 인정해, 상상적 M이 충실한 M보다 낫다고, 진심으로 사랑하는 부모가 단지 올바른 일을 하는 부모보다 낫다고, 인종차별적 인식과 태도를 극복하려 애쓰고 있는 인종차별주

---

16 마사 누스바움, 『정치적 감정』, 박용준 옮김, 글항아리, 2022, 610쪽.

의적 동료가 단순히 나무랄 데 없이 행동하는 인종차별주의적 동료보다 낫다고 인정한다"[17]는 말로 앞선 질문에 대한 자신의 생각을 밝힌다. 이는 정의가 사랑의 토대 위에 세워져야한다고 보는 관점으로 이해될 수 있다.

그런 점에서 정의를 위해 싸우는 동안 인류애를 저버리지않았던 위인들의 삶이 더욱 의미 있게 다가온다. 꿈꾸고 희망하는 대로 삶을 살아낸 사람은 우리에게 어떤 이상적인 것에대한 바람이 허황된 꿈이 아니라 진짜 현실이 될 수 있다고 긍정적으로 믿게 해 주며, 그것을 실천으로 옮기는 데 매진할 용기를 준다. 누스바움은 간디, 킹, 만델라에게서 정의롭고 사랑 넘치는 삶의 모범을 찾는다. 그와 동시에 우리가 평범한인간으로서 시도할 수 있는 현실적인 방안을 다음과 같이 덧붙이면서 용기를 잃지 않도록 조언한다. "만델라는 영웅적인인물이지만 우리는 역경 앞에서 그만큼의 관대함을 갈망할필요는 없다. 우리를 좌절시키는 사람들을 괴물이나 절대악으로 보지 않고, 느끼고 생각하는 한 인간으로 바라보는 것부

---

17 같은 책, 612-613쪽.

터 시작하면 된다."(『연민』, 268)

2. 상상력, 이성, 사랑의 힘

누스바움은 희망적인 미래를 설계하는 데 유익한 방안으로서 예술, 종교, 철학적 사고의 중요성을 주목한다. 우리는 예술을 통해 타인에 대한 이해를 높여 주는 상상력과 개방성을, 철학을 통해 이성적이고 비판적인 사유와 토론을, 종교를 통해 관용과 인류애적 실천을 함양할 수 있다.

우리가 좋은 미래에 대한 희망을 지키기 위해 주목해 볼 수 있는 것으로 최소한 다섯 가지가 있다. 시와 음악, 그외 다른 예술들, (학교, 대학교, 다양한 토론 모임에서 이루어지는) 비판적 사고, 타인에 대한 사랑과 존중을 실천하는 종교 단체, 비폭력과 대화의 방식으로 정의를 수호하는 일에 집중하는 연대 단체, (그러한 단체들과 밀접하게 연관되는) 정의에 대한 이론들, 우리의 노력을 향상시키기 위해 주목해 볼 수 있는 목적에 관한 설명들이 있다.

(MF, 220; 『연민』, 270 참조)

타인의 심정과 처지를 짐작하고 이해하려는 힘은 우리의 상상력을 원천으로 두고 있다. 시와 음악은 자기 경험 세계의 틀을 넘어서 타인의 처지와 감정을 이해하려는 마음을 갖게 하고, 새로운 세계에 관심을 갖도록 한다. 사람은 논리로만 설득되지 않는다. 오히려 생각의 변화는 논리적 사고보다는 정서적 감흥과 유대감을 통해 더욱 원활하게 이루어지는 것일지도 모른다. 낯선 것에 대해서도 유연하고 열린 태도를 갖는 데 도움이 되는 것은 이론이나 논리보다 예술과 상상력이다. 시와 음악 등 예술을 장려하는 일의 중요성은 『시적 정의』에서도 상세하게 논의되고 있는데, 관련 내용을 소개하자면 아래와 같다.

사실 내가 문학적 상상력을 옹호하는 이유를 정확하게 말하자면, 그것이 우리와 멀리 떨어져 살아가는 사람들의 선함에 관심을 갖도록 요구하는 윤리적 태도의 본질적 요소로 보이기 때문이다. 그러한 윤리적 태도는 규율과 형식적인 판단 절차들(경제학적인 절차들을 포함하여)에서 큰 역할을 담당할 것이다. (내가 선호하는 윤리적 입장은 아리스토텔레스에서 유래하지만, 여기서 언급하는 모든 것은 수정된 칸트주의, 즉 조심스럽게 구분된 인지적 역할을 감정에 부여하는 칸트주의와 조화를 이룬다.) 다른 한편으로, 만약 인간 존엄성을 평등하게 존중하는 윤리학이 상상력을 통해 멀리 있는 타인들의 삶에 개입할 수 없다면, 현실의 사람들에 관여하는 데 실패할 것이고, 그런 개입에 연관된 감정들을 갖는 데도 실패할 것이다. 공평성에 깊은 관심을 가진 다수의 윤리학자들은 독자나 관중의 감정들을 좋은 윤리적 판단에 본질적인 것으로 옹호해왔다. (PJ, xvi; 『시적 정의』, 16-17 참조)

누스바움은 문학, 음악, 춤, 연극 등을 통해 사람들 간의 공감과 교류를 확대하는 방안, 혹은 공공장소에 예술 작품을 전시함으로써 미적 감수성과 인간 존재에 대한 이해를 공유하는 방안 등을 제안한다. 그녀는 일례로 시카고 밀레니엄 파크의 크라운 분수에서 시민들이 자연스럽고 즐겁게 어울리는 모습을 주목한다. 분수의 대형 스크린에는 다양한 인종과 연령의 사람들이 재미있는 표정을 짓는 모습이 비치고 그와 함께 물줄기가 쏟아진다. 누스바움은 이러한 시설물의 예술적이고 시각적인 표현이 사람들의 다양성을 자연스럽고 즐겁게 받아들이도록 돕는다는 점에서 의미있다고 본다. 다시 말해서 그것은 "인종 차별 역사상 이는 강력한 메타포였다. 다양한 성별과 인종의 얼굴이 내뿜는 물을 맞으며 느끼는 즐거움은 인종 차별은 극복될 수 있으며 우리는 결국 하나임을 일깨워준다"(『연민』, 275)는 측면에서 예술의 사회 통합적 역할을 분명하게 보여 준다.

한편 시민들은 사회적인 현안에 대해 의견을 교환하고 토론함으로써, 그들 스스로 공동체의 규칙과 질서를 확립할 수 있어야 한다. 그러기 위해서 필수적으로 요청되는 것이 비판적으로 사고하는 능력이다. 철학은 어떤 대상이나 사태에 대해 근본적인 질문을 던지고, 그것의 문제점과 원인을 다각도의 관점에서 생각하도록 이끌면서 비판적인 사유를 함양하는 데 도움을 준다. 누스바움은 성인들을 위한 철학 카페나 공개 강연, 지역 공동체를 위한 대학의 세미나 등의 유익함을 강조한다.

또한 누스바움은 각자가 자기 입장을 강변하기 위해 목소리를 높이는 것보다 서로 경청하는 자세를 갖는 것이 민주 사회를 위해 필수적인 조건임을 지적한다. 그녀가 높이 평가하는 소크라테스 대화술에서 핵심은 말하기가 아니라 '듣기'다. "소크라테스의 추론은 듣는 세상, 고요한 목소리, 이성에 대한 상호 존중의 분위기를 만들기 위해 희망을 실천하는 것"(『연민』, 278)이라는 누스바움의 언명은 토론과 논쟁에 대한 우리의 이해를 재고하도록 한다.

우리 사회의 토론장에서는 유창한 말솜씨와 공격적인 논쟁력을 보이는 사람이 인정받는다. 그러나 상대의 말문을 막고 한 치의 양보 없이 자신의 주장만을 관철하는 사람이 정말로 토론을 잘하는 사람일까? 타인의 비판은 모두 틀렸다고 단언하면서 자신의 무오류성을 증명하는 데만 몰두하는 것이 진정 좋은 토론자의 미덕일까? 오히려 수많은 비판을 겸허하게 받아들일 줄 알고 타인의 합리적인 주장을 수용하며 공동선을 위해 대승적으로 양보할 수 있는 사람이 유능한 토론자로 인정받아야 하지 않을까? 누스바움은 철학자들이 겸손하고 솔직하며 개방적이기 때문에 오히려 많은 비판에 직면한다는 점을 주목한다. 그리고 우리가 그런 태도에서 교훈을 찾기를 바라면서 다음과 같이 기술한다.

> 철학은 대화를 유도하고 청자를 존중한다. 소크라테스의 질문을 받았던 오만한 시민들(에우튀프론, 크리티아스, 멜레투스)과 달리, 철학적인 화자는 겸손하고 솔직하다. 그 혹은 그녀의 입장은 밖으로 다 드러날 정도로 투명했고 그래서 비판에 취약했다. (MF, 11;『연민』, 38 참조)

또한 누스바움은 연민과 관대함의 마음을 함양하는 데서 종교의 역할을 발견한다. 사람들은 흔히 종교가 우리의 인식을 초월한 세계에 대한 비이성적인 믿음을 전제로 하기 때문에, 근거도 없고 설득력도 없는 맹신에 불과하다고 치부한다. 하지만 누스바움은 이런 식으로 종교를 평가하는 것이 일면적이라 본다. 대중이 종교의 가르침에 따라 선행을 하고 삶의 방향성을 찾는 것을 단순하고 어리석은 행동이라 쉽게 폄하해서는 안 된다. 사람들은 지식이나 이론을 통해서가 아니라 종교적 믿음을 통해 중요한 가치를 깨닫고 실천에 옮기기도 한다. 이것은 종교적 믿음이 이성보다 나은 점도 있다는 것을 보여 준다.

철학자들은 이따금 종교와 종교인들을 무시한다. 그런 이유로 철학자들은 매우 종교적인 나라인 미국에서 공적인 영향력을 거의 갖지 못한다. 우리의 시민들은 어리석거나 비천해서 종교를 믿는 것이 아니다. 우리는 종교를 믿는 각 개인이 불화와 보복보다 포용과 사랑이라는 희망의 요소들을 발견할 것으로 기원해야 하고 아마도 그럴 것으로 보인다. 철학 자체는 우리가 어떻게 적을 존중할 수 있는지를 보여 주지만, 어떻게 적을 사랑할 수 있는지는 보여 주지 않는다. 그 때문에 우리는 예술을 필요로 하고, 우리 중 다수는 종교를 필요로 한다. (MF, 233; 『연민』, 283 참조)

공동체가 좀 더 평화롭고 살기 좋은 곳이 되기 위해서는 시민들이 서로 존중하고 유대감을 형성하는 것이 필수적이다. 누스바움은 시민들이 상호 이타적인 마음을 갖고 교류하도록 하는 데 종교가 도움이 된다고 본다. 종교적 신앙심은 이성과 논리의 한계를 넘어 타자를 포용하고 이해하도록 하는 데 긍정적인 영향을 줄 수 있다. 또한 다양성이 존중받는 공동체를 이루기 위해서는 시민들이 개방적인 태도로 서로를 이해하려는 준비가 되어 있어야 한다. 차이를 그 자체로 받아들이고 인정하려면 자신만의 입장을 정답으로 여기지 않도록 경계해야 한다. 종교적 세계관은 지나친 자기 확신과 교만을 성찰하도록 돕는다는 점에서도 유익하다.

누스바움은 거창한 담론보다 일상의 경험과 실천이 중요하다고 역설한다. 왜냐하면 작고 구체적인 사안들에서 느끼는 것들이 소중한 "감정적 자양분"(『연민』, 251)이 되기 때문이다. 일상에서 느끼는 사랑, 행복감, 감사, 기쁨 등은 행동과 실천을 이끄는 원동력으로 작용한다. 이러한 감정의 자양분을 바탕으로 예술적 감성과 철학적 사유, 종교적 믿음 등이 자라날 때 더 나은 공동체를 위한 변화가 현실적으로 시작된다.

3. '두려움의 군주제'에서 '연민의 민주제'로

자기보존과 인류애를 병립시키는 힘은 타인에 대한 '연민' 에 있다. 이기심과 이타심, 자기애와 인류애의 조화는 타인을 '나와 같은 인간' 혹은 '또 다른 나'로 생각할 때 새롭게 열리는 가능성이다. 그러므로 누스바움의 말처럼, 타인도 나처럼 이성적으로 생각할 수 있고 선한 의지를 가진 존재라고 여겨야 한다. 또한 타인도 쉽게 상처받을 수 있으며 고통을 피하고자 하는 존재임을 이해해야 한다. 그럴 때 우리는 각자의 독립성 과 자유를 존중하고 서로에게 해를 입히지 않기 위해 스스로 의 자유를 제한하는 데 기꺼이 동의할 수 있다. 이렇듯 타인 을 향한 연민과 신뢰는 민주주의 제도에서 필수적으로 요청 된다. 여기서 우리의 현실은 연민의 민주주의에 얼마나 근접 해 있는지 질문해 볼 필요가 있다.

누스바움의 『연민』이 출판된 후 미국에서는 두 번의 대선 이 있었고, 바로 직전 대선에 다시 도전한 트럼프는 각종 의혹 제기와 형사기소 등의 위기에도 불구하고 미국의 47대 대통 령으로 당선되었다. 그의 재선은 무엇을 의미하는가? 여러 주목할 만한 점들이 있겠지만, 무엇보다도 나는 히스패닉계와 아프리카계 미국인들 중 상당수가 기존의 친 민주당 성향에서 공화당 대선 후보 트럼프의 지지로 돌아섰음을 눈여겨본다. 통상 유색인 유권자 집단은 인종 문제에 있어서 좀 더 포용적인 입장을 취하는 민주당에 우호적이었기 때문에, 이번 대선에서 나타난 변화는 놀라웠다.

이와 관련하여 나는 2016년 대선 결과에 대한 샌델의 분석을 참고할 필요가 있다고 생각한다. 샌델은 능력주의의 문제점을 비판하면서 정치계에 팽배한 엘리트주의의 오만함과 그에 대한 대중들의 반감을 지적한다. 샌델에 따르면, 2016년 대선에서 민주당은 전통적인 지지 기반인 노동자층을 외면하고 엘리트 계층의 이해를 충실히 대변함으로써, '백인, 남성, 블루칼라'로 상징되는 유권자 집단의 정치적 소외감을 증폭시켰고, 그것이 힐러리의 주요한 패배 요인이었다고 진단한다.[18]

나는 샌델이 미국의 정치에서 핵심적인 문제를 정확히 짚

---

18 마이클 샌델, 『공정하다는 착각』, 함규진 옮김, 와이즈베리, 2021, 53-61쪽 참고.

어 냈으며, 그의 견해가 이번 미 대선에서도 여전히 유효하다고 본다. 민주당은 노동자, 사회 취약 계층, 소수자, 유색인 유권자의 정치적 요구를 제대로 수용하지 못했고, 그로 인한 대중의 실망과 분노는 과거 '세계 패권국'의 향수를 불러일으킨 트럼프에 대한 열광으로 쉽게 바뀌었다. 트럼프의 재기 성공에서 우리는 엘리트 정치인들의 안일하고 오만한 현실 인식, 존중받지 못한 유권자의 분노, 대중의 패배감과 소외를 엘리트층에 대한 적대감으로 이끈 정치적 수사修辭, 정치 공동체의 위기에 대한 대응을 차별과 혐오에서 찾는 선동 정치의 문제를 씁쓸하게 마주한다.

트럼프는 정치인의 언사가 대중에게 어떤 파괴적인 영향력을 미칠 수 있는지 생생히 보여 주었다. 과거 트럼프 집권 시기 미국인들은 트럼프 지지자들의 불법적이고 폭력적인 의회 난입과 점거를 경험했다. 그것은 민주주의를 정면으로 위협하는 실력 행사였다. 또한 트럼프는 대통령 재직 중 공식적으로 특정한 사람들에 대한 노골적인 반감과 혐오를 표했다. 그의 발언은 평범한 시민 개개인의 의사 표현과는 비교할 수 없을 정도로 강한 무게감과 영향력을 갖기 때문에, 그가 대통령으로서 특정인들을 향해 혐오감을 드러내는 것은 매우 위험하다. 군중의 폭력적인 의회 난입 사건이 대통령의 지속적인 혐오 발언과 완전히 무관하게 벌어진 일이라고 단언할 수 있을까?

매우 불행하게도 이와 같은 문제는 이번 대선에서도 똑같은 형태로 반복되었다. 트럼프는 이민자들이 '미국의 피를 오염'시키고, '개와 고양이를 잡아먹는다'라는 등 대선 후보의 언어라고 할 수 없는 혐오 표현을 남발했다. 그는 또한 상대 후보인 해리스의 외모를 평가하고 시대착오적인 여성관을 서슴없이 나타내기도 했다. 유력 정치인이 공개적으로 차별주의자의 면모를 드러내는 것을 확인한 대중은 그에 발맞추기라도 하듯이 좀 더 극단적이고 공격적인 언행을 보였다. 미 대선 직후 온라인 플랫폼에서는 '여성들은 부엌으로', '흑인들은 농장으로'와 같은 충격적인 표현들이 폭발적으로 증가했다. 또한 해리스의 낙태 정책 슬로건 '내 몸은 나의 선택'을 겨냥하여 '네 몸은 나의 선택'이라는 성폭력 발언들도 밈으로 확산되고 있다고 한다.

2016년 대선 후 '두려움의 군주제'를 우려하며 호혜와 연대의 정신을 강조하던 누스바움은 2024년 트럼프의 재선을 목도하면서 어떤 심정이었을까? 나는 개인적으로 어떤 나쁜 일이 처음 발생했을 때보다 그 후에 그것이 똑같이 반복될 때 훨씬 더 큰 암담함과 속상함을 느낀다. 반목과 대립에서 벗어나 인간다움을 지향해야 한다고 설득하고 노력했지만, 또다시 혐오와 차별이 난무하는 정치 담론장을 지켜봐야 할 때 그 실망과 좌절감은 얼마나 깊을 것인가!

그러나 동시에 나는 누스바움이 결코 현실의 벽 앞에서 절망과 냉소에 갇혀 있지 않을 것이라 본다. 그녀는 이번 대선의 결과가 자신의 견해를 무효로 만들기보다는 오히려 그것의 진실성과 절박함을 증명한다고 생각할 것이다. 트럼프의 재선은 시민들이 더욱 비판적으로 혐오와 차별의 문제점을 직시하고 연민과 연대의 중요성을 깨닫도록 하는 계기로 작용할 수 있기 때문이다.

다른 한편, 우리 사회의 정치적 담론으로 시선을 돌려보자. 우리의 공론장에서 시민들이 가장 흔하게 표출하는 감정은 무엇인지, 그런 표현들에서 발견되는 문제점은 무엇인지 진지하게 성찰해 볼 필요가 있다. 정치적 라이벌을 존중하지 않고 무조건 제압하려고만 하는 심리에는 두려움이 깊이 뿌리내리고 있다. 다른 것을 무조건 틀린 것으로 간주하고 자기 생각만 옳다고 확신하는 태도는 분노 및 혐오와 쉽게 결합한다. 하지만 자유를 지향하는 사회는 무엇보다도 다양성의 공존을 중시하므로, 아량과 연민의 감정을 필요로 한다. 또한 자유로운 사회에서는 누구나 자기 검열하지 않고 두려움 없이 의견을 표명할 수 있어야 하기 때문에, 시민들 상호 간의 편견 없는 시선과 개방적인 태도가 중요하게 요청된다.

이분법적으로 시비를 가리고 획일화하며 적대시하는 논리는 권위주의적인 사회, 독재 국가에 어울리는 방식이다. 얼마 전 우리나라에서는 야당 대표를 표적으로 한 살해미수 사건이 발생했다. 정치적 견해가 다르다는 이유로 생명을 위협하는 것은 자유롭고 민주적인 사회의 원리에 정면으로 반하는 범죄다. 공동체의 규범과 질서를 뒤흔드는 이런 시도가 단지 한 개인의 잘못된 판단에서 기인했다고 보는 것은 매우 안일한 분석이며, 오히려 우리 사회에 만연한 혐오적 표현이 임계점을 넘어서 구체적인 범죄 행위로 표출되었다고 보아야 한다. 이런 혐오 범죄에 대한 대응에 따라 우리 사회에서 드러나는 혐오의 수위와 양상이 달라질 수 있다. 혐오적인 발언이나 행동으로 타인에게 해를 끼치는 범죄를 엄하게 처벌하지 않으면, 대중에게는 그러한 가해가 사회적으로 용인될 수 있다는 신호로 오인될 수 있고 그로 인해 더욱 심각한 혐오 범죄가 양산될 수 있다.

그런데 이 충격적이고 불행한 사건과 관련하여 국민에게 제대로 정확히 알려진 바가 미미하다는 것은 심각한 문제다. 범행 동기와 사건의 전말에 대한 수사가 제대로 이루어졌는지 불투명하며, 언론에 보도된 내용에서도 여러 의혹들이 제기되지만 명확히 해명되지 않았다. 민주주의가 국민을 기반으로 삼는 정치체라면, 중대한 사안의 투명한 공개, 정확한 정보를 공유할 권리 등은 필수적이다. 이런 점에서 야당 대표 살해미수 범행이 매우 의문스러운 방식으로 성급하게 마무리된 것은 많은 우려를 낳고 있다.

통상적으로 사회에서 공포를 조장하는 데는 나쁜 의도가 깔려 있다. 공포는 이성을 방해한다. 두려움에 휩싸인 대중은 합리적으로 판단하기보다 억측과 선동에 쉽게 휘둘린다. 그래서 지배 세력은 대중의 두려움을 이용하여 권력을 강화하고, 그 권력의 정당성에 대해 의심하거나 질문하지 못하도록 시민들의 관심을 위험과 안전의 문제로 돌리려고 시도한다. 시민들의 두려움은 분노, 혐오, 증오의 감정과 쉽게 결합하고 공동체의 긴장을 높여 잠재적인 불안 요소를 현실화할 수 있는 것이다. 누스바움은 이러한 상황을 우려하면서, "정파에 상관없이 공포는 위험을 과장할 뿐만 아니라 그 과장이 실제 재난으로 이어지는 더 위험한 상황을 만들기도 한다"(『연민』, 29)고 경고한다. 따라서 시민들은 공동체의 평화와 안전을 중시하면서도, 과도한 공포 분위기를 조성하면서 사회를 통제하려는 시도를 가려볼 줄 알아야 한다.

정치는 대화와 토론을 통해 사람들 간의 이해관계와 힘의 분배를 조정하는 행위다. 그래서 정치는 인간이 타인과 관계를 맺고 살아가는 과정 자체라고도 할 수 있다. 아렌트는 인간의 여러 활동 가운데 말로써 생각을 표현하고 의견을 교환하며 공동의 가치나 목적을 확인하는 등의 '행위'를 핵심적인 것으로 여긴다.[19] 아렌트의 개념을 참고했을 때, 인간의 행위

---

19 "사람들은 행위하고 말하면서 자신을 보여주고 능동적으로 자신의 고유한 인격적

는 근본적으로 정치적인 것이고, 그것은 말, 글, 언어, 논리를 통해 이루어진다. 따라서 정치는 일방적인 물리력의 행사, 힘으로 상대를 제압하는 행위와는 전혀 다른 것이다. 정치가 사라지면, 폭력이 그 빈자리를 차지하게 된다. 말이 아니라 폭력이 다스리게 되면 정치 공동체가 해체될 수도 있다. 그런 곳은 야생의 세계, 동물의 왕국과 같은 상태라고 해야 할 것이다.

누스바움은 미국이란 나라가 "결코, 완벽한 상태로 존재한 적이 없다"(『연민』, 29)고 겸허히 인정하면서, 시민들이 더 나은 사회를 만들기 위한 노력을 쉽게 포기해서는 안 된다고 역설한다. 이처럼 우리는 맹목적인 국가주의 애국심도, 지나치게 비관적인 자국 혐오도 모두 경계해야 한다. 정치 공동체를 좀 더 좋은 방향으로 이끄는 힘은 현실을 있는 그대로 직시하고 공동체의 문제와 비전을 정확하게 인식하는 데서 출발한다.

인권선언은 모든 인간이 평등하게 태어났다고 천명한다.

정체성을 드러내며 인간세계에 자신의 모습을 나타낸다." 한나 아렌트, 『인간의 조건』, 이진우 옮김, 한길사, 2018, 268쪽.

평등한 사람들 내에서 계급을 나누고 그에 따라 특정한 집단의 사람들을 사람으로 인정하지 않는 것은 차별주의 때문이다. 혐오는 사람을 멸시하고 차별하는 데 동원되는 대표적인 감정이다. 일군의 사람들에게서 특별히 동물성을 부각하고 그것을 차별의 근거로 삼는 것은 비합리적이고 자기 모순적이다. 왜냐하면 동물적인 속성을 갖지 않는 사람은 없기 때문이다. 타인에게 동물성을 전가함으로써 그에 대한 불안과 두려움을 떨치려는 전략은 근본적인 해결책이 되지 못한다. 오히려 우리는 우리 자신의 동물성과 유약함을 자연스럽게 받아들이고 인정할 수 있어야 한다. 또한 동물성을 이유로 타인을 비난하거나 멸시하려고 해서도 안 된다.

더 나은 세상을 만들기 위해서는 특정한 사람들의 특권을 유지하려고 애쓰기보다 모든 사람을 위한 보편적인 권리의 확장에 동의하고 그런 생각을 현실화하기 위해 노력해야 한다. 누스바움은 자신이 많은 특권을 누렸다고 고백하면서, 그런 특권에서 배제된 취약한 사람들의 권리를 위해 목소리를 높인다. 기득권을 누리는 사람들이 먼저 모든 사람을 위한 보편적인 권리의 확장을 주장한다면, 사회의 변화를 한층 더 앞

당길 수 있다. 더 나은 세상을 위해 특정한 사람들의 권리를 강화하기보다 모든 사람이 동등한 권리를 누릴 수 있도록 경계를 허무는 것이 중요하다. 또한 사회의 여러 가능성과 선택지들에 접근할 기회를 확대하려는 노력도 중요하다. 그것은 영역, 공간, 장소의 개방으로 가시화된다. 가령 대학의 담을 낮추고, 인도의 턱을 없애고, 인종이나 성별에 따른 차별적인 분리를 재통합하는 시도들 말이다.

무엇이 진정 인간적이고 문명적인 것일까? 산업화, 학문의 발전, 기술의 첨단화가 곧 인간적이고 문명적인 것은 아니다. 아무리 사회가 발전되었다 하더라도 인간이 인간을 차별하고 지배, 억압하는 구조를 용인하는 사회는 인간적이지 않다. 우리가 동물의 세계를 인간적인 것과 구분하는 이유는 생존과 본능에 충실한 삶, 힘의 논리가 관철되는 세계이기 때문이다. 따라서 힘의 논리에 따라 강자의 지배를 당연시하는 사회는 동물적인 약육강식의 세계와 다를 바 없다. 야만적인 것은 인간의 도리에 반하는 것, 비도덕적인 것을 부끄럼 없이 행하는 것이다. 그러므로 사람이 사람을 서열화하고 차별하는 것이야말로 야만적이다.

반면 힘의 논리와 무관하게 강자가 약자를 보호하고 배려하는 것이 인간적이다. 문화와 문명은 동물의 세계와는 다른 원리와 가치를 구현해야 한다는 점에서, 도덕과 윤리의 중요성을 간과할 수 없다. 도덕과 윤리는 자기보존 못지않게 이타적인 삶, 타인과의 공존을 고려하도록 한다. 따라서 우리가 도덕성을 견지하는 것은 인간답게 살기 위한 중요한 요건이다. 결론적으로, 사람이라면 누구나 기본권을 보장받고 인간다운 삶을 누리도록 해 주는 사회가 진정으로 인간적이고 문명적인 사회다. 자유롭고 평등하며 품격 있는 공동체를 만들기 위해서는 차별과 혐오의 논리를 근절하고 시민들의 연대의식을 장려해야 한다. 이를 위해 누스바움은 우리가 적극 주목해야 할 감정으로서 타인에 대한 '연민'을 가리킨다.

맺음말

2024년 12월,
그날 밤

2024년 12월 3일 밤은 한국인에게 시대의 암흑에 맞서 기어코 스스로 그것을 관통하는 빛이 되라고 요구하는 것만 같았다. 다른 많은 사람들과 마찬가지로 나 역시 무장한 군인과 헬리콥터가 국회에 난입하는 상황을 현실로 받아들일 수 없었다. 충격과 황당함에서 정신을 차린 후에 내가 가장 먼저 자각한 감정은 '모욕감'이었다. 국민을 얼마나 우습게 알면 이런 만행을 저지를 수 있는가! 우리는 어쩌다 헌법과 민주주의 질서를 파괴하는 대통령을 둔 국민으로 전락하게 되었는가! 이 같은 물음이 답을 찾지 못하고 한탄으로 거듭되면서 마음속 '분노'가 거세게 차올랐다.

그리고 곧이어 내게 찾아온 감정은 '두려움'이었다. 서울 근교 어딘가에서 장갑차 대열이 목격되었다는 전언, 국회의 사당으로 진입하려는 군인들과 시민들의 대치, 대규모 군사 작전처럼 군인들을 실어 나르는 헬기의 모습들이 보도되는 동안, 사진 속에서만 보았던 80년 광주가 눈앞에 펼쳐지는 것 같았다. 온라인에서는 휴교령이란 검색어가 등장했고, 나는 폐쇄된 대학의 풍경과 앞으로 이어질 최악의 상황을 상상하며 두려움을 느꼈다. 실제로 휴교령이 내려지고 학교 앞에서 통행을 저지당하면, 정말 무엇을 어떻게 해야 할지 두렵고 막막했다. 늦은 밤이었지만, 이 참담한 현실을 함께 견뎌 낼 사람들이, 그들과의 대화와 교감이 너무나 절실했다.

계엄 해제 요구안이 극적으로 가결되었음에도, 많은 사람들처럼 나도 밤새 불안에 뒤척이며 잠들지 못했다. 그야말로 밤새 안녕을 묻는 인사로 오전 수업을 시작하면서, 나는 평소처럼 강의실에서 학생들을 만날 수 있다는 것이 얼마나 소중하고 감사한 일이지 깊이 깨달았다. 동시에 현실의 삶과는 무관하게 철학 개념들을 설명하고 논하는 일이 그토록 어색하게 느껴진 적은 이전에 없었음을 자각했다. 마치 아무 일도 일어나지 않은 것처럼 시험을 치르는 광경이 '괴이하게' 느껴진다고 쓴 한 대학 교수의 글은 내 심정을 정확하게 대변하는 것 같았다. 그는 학생들에게 '역사의 한 페이지'를 응시하고 배우기를 권하면서 기말 시험을 취소했다. 그러한 결정에 대해 많은 교원과 학생이 공감했을 것이다.

나는 강의에서 종종 평화의 소중함을 강조하기 위해 전쟁 상황을 구체적으로 떠올려 보자고 제안하고, 불안한 사회에서는 대학의 강의와 연구가 사치에 지나지 않을 것이라 말하곤 했다. 그런데 그런 관념적인 생각을 현실에서 직접 경험하게 될 줄은 몰랐다. 비상계엄 선포와 해제를 목도한 직후, 나는 학생들과 함께 대학이 사회 '안'에 존재하고 사회적 환경의 지대한 영향 아래 있음을, 바로 그렇기 때문에 대학은 항시 사회의 현실에 관심을 갖고 참여할 수 있어야 함을 진지하게 되뇌었다. 그리고 사상과 표현의 자유를 보장하는 민주적 질서가 진리 탐구를 위한 필수 조건임을 분명하게 확인했다.

비상계엄이 매우 빨리 해제되면서, 그 엄청난 일이 너무나 허술하게 진행되었다는 인상 때문에 처음에는 의아하다는 생각이 들었다. 그러나 속속 밝혀진 증거들은 계엄 선포가 오래

전부터 치밀하게 준비되었고 유혈 사태와 전쟁까지 기도한 시도였음을 가리키고 있다. 그렇다면 12.3 계엄이 단시간에 무력화된 이유는 쿠데타 주도 세력의 무능이나 미숙함에만 있지 않을 것이다. 그보다는 전 대통령 그의 조력자들이 시민들의 즉각적인 행동과 결집을 예상하지 못한 데 결정적인 요인이 있다고 본다.

21세기 대한민국에서 계엄 선포는 엄청난 충격이지만, 사실 그보다 나를 더 놀라게 한 것은 순식간에 국회 앞으로 모여든 시민들의 모습이었다. 사람들은 맨몸으로 군용 차량과 군인들을 막아섰고 영하의 추위 속에서 국회의사당을 지켰다. 그들의 용기와 결연함은 주권자의 위용으로 빛났다. 소크라테스는 억울하게 기소되어 재판을 받는 동안 아테네 시민들 앞에서 자신의 사명을 위해 죽음도 불사하겠다는 의지를 보인다. 그는 민주주의를 좋은 혈통의 게으른 말에 비유하고, 자신은 그런 말의 졸음을 깨우는 등에(쇠파리)와 같은 존재라고 밝힌다.[20] 12월 3일 밤 국회로 달려간 시민들은 우리 시대

20 플라톤, 『소크라테스의 변론』, 천병희 옮김, 51-52쪽(30e) 참고.

의 소크라테스였다. 그들은 목숨이 위험할지도 모르는 상황에서 헌법과 민주주의의 수호자로 나섰고, 두려움과 혼란에 휩싸인 국민을 깨웠다.

비상식과 불통, 위헌과 불법이 난무하는 상황을 지켜보며, 솔직히 나는 누스바움의 조언대로 마음 속 울화를 '이행-분노'로 전환시키는 데 어려움을 느낀다. 이번 사태로 인한 큰 불행 중의 하나는 시민들 간의 불신과 증오가 더욱 심화되고 있다는 점이다. 정치적 입장 차이로 깊어지는 갈등은 가족과 동료 사이에서도 일어난다. 나는 선동 정치의 악영향이 내 가족과 지인들에게 번지고 있는 모습에서 깊은 슬픔을 느낀다. 그런데 지금 우리 사회 구성원 모두가 분명하게 인식해야 하는 점은 현 사태가 정치적 논쟁의 대상이 아니라 준법과 범법을 판단하는 문제라는 것이다. 그러므로 이것은 명백히 정치적 진영 논리의 싸움이 아니라 헌법과 민주적 질서, 법치주의 수호의 문제로 인식되어야 한다. 더욱이 정치적 보수를 자처한다면, 국지전까지 기획하며 국민의 생명과 안전을 위태롭게 만든 위헌적 시도에 단호히 반대하는 것이 당연하다.

아직까지도 전 대통령의 위헌적·불법적 계엄 선포와 내란

혐의를 옹호하는 사람들이 있다는 것은 대다수 국민들을 답답하고 불안하게 한다. 사실 나는 내란 사태에 동조하는 사람들과 이성적으로 대화할 수 있을 것이란 기대를 하지 못하고 있다. 그럼에도 불구하고, 나의 깊은 불신과 증오를 '이행-분노'로 이끌어 줄 힘은 가까이 있다고 믿는다. 대통령 탄핵 소추안 의결이 좌절되었던 밤, 도망치듯 국회를 빠져나간 여당 국회의원들이야말로 패자라고 말하며, 탄핵이 될 때까지 집회에 참여할 것이라 해맑게 이야기하는 젊은이들이 있었다. 자신을 '술집 여자'라 밝힌 부산의 어느 시민은 이번 사태를 계기로 가장 소외되고 힘든 처지에 있는 사람들이 더 나은 삶을 살 수 있는 사회를 만들자고 연설하며 큰 감동을 주었다. 바람에 꺼지지 않는 불빛을 밝히고, 한겨울 밤거리를 지키고, 고립된 현장에도 직접 달려가 연대하는 시민들이 있다. 그들은 편 나누기와 증오에 매몰될 시간이 없다고, 현재의 위기를 극복할 방법을 찾아 어서 함께 행동하자고 몸소 알려준다. 연설로, 춤과 노래로, 해학으로, 후원으로, 집회 후 뒷정리로 자기 몫의 역할을 하는 시민들은 누스바움이 '이행-분노'의 모범적인 실천가로 칭송했던 킹과 만델라를 닮아 있다. 나는 그들 덕분에 지금 진짜 집중하고 실천해야 하는 것들로 시선을 돌린다.

아직 우리 사회의 위기는 완전히 해소되지 않았다. 권력을 사유화하고, 법과 질서 위에 군림하려 들며, 온갖 정치적 스캔들을 무마하기 위해 쿠데타까지 일으킨 전 대통령은 여전히 야당과 국회를 탓하며 자신의 무고함을 억지스레 주장한다. 여당은 오직 집권만을 위해 국민을 저버리고 전 대통령을 옹호하고 있다. 급기야 전 대통령은 '반국가세력'에 맞서 외롭게 싸우는 약자임을 자처하고, 여당 국회의원도 '대통령이 대한민국 그 자체'라는 망언을 내뱉으며 추종자들을 선동하고 있다. 그러나 대통령의 결정을 비판하면 무조건 '종북'. '빨갱이', '반국가세력'이라 매도하는 태도를 '다양성의 존중'이란 미명 아래 인정할 수는 없다. 그것은 그저 틀린 주장이다. 어째서 우리의 현대사는 반복된 군사 쿠데타로 얼룩졌는지, 정치적 민주주의를 안착시킨 나라로 인정받는 상황에서조차 왜 다시 이런 혼란이 발생하는 건지 개탄스럽다. 나의 절친한 친구는 간명하게 핵심을 짚어 주었다. 한 번도 쿠데타를 엄벌한 적 없기 때문이라고. 그의 의견대로 이런 일이 반복되지 않으려면 이번에는 결단코 국헌 문란죄를 단호하게 처벌해야 한다.

이번 사태로 우리는 민주주의의 취약성과 법 제도의 한계를 분명하게 목격했다. 또한 안정적이고 올바른 민주주의의 실현을 위해서는 무엇보다도 시민들의 '각성'이 중요하게 요구됨을 깨달았다. 지금도 여전히 불안하고 위태로운 상황이 지속되고 있지만, 나는 쿠데타 옹호 세력과 그에 맞서는 시민들의 싸움에서 이미 승패가 결정되었다고 본다. 반세기 전으로 회귀하려는 자들의 폭압적인 방식과 낡은 사고는 시대의 흐름에 맞지 않다. 시민들은 이미 구시대를 지나왔고 새로운 시대를 준비하고 있다. 모든 낡은 것들의 운명이 그러했듯이, 12.3 내란의 혼돈과 불의는 역사의 물결 뒤로 쓸려갈 것이다.

누스바움은 『연민』을 마무리하면서, 더 나은 공동체를 이룰 수 있다는 희망, 타인도 나만큼 합리적으로 사고할 것이란 믿음, 복수심을 버리고 미래지향적인 아량을 택하는 사랑에서 길을 찾는다. 그런데 세계적인 석학의 저서에서 언급되는 그러한 가치들은 놀랍게도 아주 가까운 곳에서, 바로 우리 사회의 현실에서 지금 목격되고 있다. 현재 변화의 흐름을 주도하고 있는 청년들은 이미 흘러간 과거와 아직 오지 않은 미래 사이의 간극을 연결하고 있다. 만델슈탐과 아감벤의 표현대로라면, 그들은 "세기의 부서진 척추"를 잇는 세대다.[21] 나는 젊은이들의 에너지와 열정, 그들이 이뤄 내는 세대 간의 융합을 직접 볼 수 있음에 감사한다. 누스바움이 말한 연민과 연대는 한강 작가의 표현으로는 마음을 이어 주는 '금실'과 생명의 따뜻한 '빛'이다. 누스바움이 철학자로서 이성과 비판적 정신을 강조할 때, 한강은 '언어'와 '질문'을 가리킨다. 우리는 이러한 소통의 방식을 통해 더 크게 연결되고, 보다 더 능동적으로 보편적인 사랑을 실천할 것이다. 더 나은 정치 공동체를 위해 연대하고 위로와 응원의 마음을 나누는 시민들께 깊은 존경과 감사의 인사를 올린다.

---

21 조르조 아감벤, 『장치란 무엇인가?』, 양창렬 옮김, 난장, 2017, 72-75쪽 참고.

참고문헌

김주환, 『내면소통』, 인플루엔셜, 2023.

누스바움, 마사, 『감정의 격동: 1. 인정과 욕망』, 조형준 옮김, 새물결, 2017.

_____, 『분노와 용서』, 강동혁 옮김, 뿌리와이파리, 2018.

_____, 『시적 정의』, 박용준 옮김, 궁리, 2017.

_____, 『역량의 창조』, 한상연 옮김, 돌베게, 2018.

_____, 『인간성 수업』, 정영목 옮김, 문학동네, 2018.

_____, 『정치적 감정』, 박용준 옮김, 글항아리, 2022.

_____, 『타인에 대한 연민』, 임현경 옮김, 알에이치코리아, 2020.

_____, 『학교는 시장이 아니다』, 우석영 옮김, 궁리, 2017.

_____, 『혐오에서 인류애로』, 조계원 옮김, 민음사, 2018.

_____, 『혐오와 수치심』, 강동혁 옮김, 뿌리와이파리, 2017.

베유, 시몬, 『중력과 은총』, 윤진 옮김, 문학과지성사, 2023.

샌델, 마이클, 『공정하다는 착각』, 함규진 옮김, 와이즈베리, 2020.

싱어, 피터, 『더 나은 세상』, 박세연 옮김, 예문아카이브, 2018.

아감벤, 조르조, 『장치란 무엇인가?』, 양창렬 옮김, 난장, 2017.

_____, 『호모 사케르』, 박찬우 옮김, 새물결, 2008.

아렌트, 한나, 『인간의 조건』, 이진우 옮김, 한길사, 2018.

아리스토텔레스, 『니코마코스 윤리학』, 천병희 옮김, 숲, 2018.

이민진, 『파친코』, 신승미 옮김, 인플루엔셜, 2022.

홉스, 토마스, 『리바이어던』, 진석용 옮김, 나남출판, 2008.

플라톤, 『플라톤 전집 I: 소크라테스의 변론, 크리톤, 파이돈, 향연』,
천병희 옮김, 숲, 2019.

Hobbes, Thomas, *On the Citizen*, Cambridge: Cambridge University Press,
2016.

Lee, Min Jin, *Pachinko*, London: Apollo, 2017.

Nussbaum, Martha C., *Anger and Forgiveness: Resentment, Generosity,
Justice*, New York: Oxford University Press, 2016.

_____, *Not for Profit: Why Democracy Needs The Human-
ities*, Princeton: Princeton University Press, 2010.

_____, *Poetic Justice: The Literary Immagination and Public
Life*, Boston: Beacon, 1995.

_____, *The Monarchy of Fear*, New York: Simon & Schuster,

2018.

Sandel, Michael J., *The Tyranny of Merit*, New York: Farrar, Straus and
  Giroux, 2020.

Weil, Simone, *La Pesanteur et la Grâce*, Paris: Plon, 2022.

[세창명저산책]

세창명저산책은 현대 지성과 사상을 형성한 명저들을 우리 지식인들의 손으로 풀어 쓴 해설서입니다.

· 세창명저산책은 계속 이어집니다.